U0072020

十力
文化

圖解理財幼幼班4

精準思考

以企業為師的修練

An Illustrated Guide to Finance Managerment 4

Dr.Jackie Chien

中正大學法律博士 錢世傑——著

序

延續著理財幼幼班系列的優良傳統，「理財幼幼班1：慢賺的修練」，主要是希望改變世人追求快賺的人性缺失；而「理財幼幼班2：數據迷思與投資情緒」，則是少數分析本地企業與總體經濟學相關數據的書，並延續「理財幼幼班1：慢賺的修練」，繼續探討人性上的缺失。

本書「理財幼幼班4：精準思考以企業爲師的修練」，則是觀察整理企業的經營模式，與優秀企業及其經營者的特質，得出本書的知識體系，也把常見的人性缺點整理出來，希望能在舉例、實務、研究與個人獨特觀點的交錯論述下，給讀者一個重新思考有效成長，剃除只是浪費時間的學習，指引出一條更快速成功的策略。

在以前沒有記帳的日子，我僅憑主觀感覺來判斷是否花太多錢，若花的都是小錢，可能覺得當月支出並沒有很多，只是即使是小額花費，積沙成塔，累積起來也相當可觀。我直到十餘年前才開始記帳，進而發現實際消費金額並不是想像的那樣，忽視的支出比主觀認知的金額還要多得多。

記帳可以讓我掌控自己的財務狀況，經過多年的發展，逐漸不能滿足於流水帳、分類帳的格式，慢慢地，簡單的記帳已經變成了類似於企業財報的「損益表」與「資產負債表」。

我的損益表結構也是以主業收入扣除成本費用爲主，加上副業、投資等業外損益，再扣除稅款，當月的稅後淨利就出來了。長期穩定「被動式收入 > 支出」，就可以達到財富自由的狀況，再加上從綜合所得稅統計資料中，可以發現有錢人薪資所得較低、股利所得較高，如同《二十一世紀資本論》所論述，資產獲利遠高於勞動所得，使得貧富差距逐漸拉開。因此，透過長期觀察自己的被動式收入占比變化，成爲一項很重要的指標。

資產負債表的部分，也是把自己的資產、負債分成流動、固定等類型，資產扣除掉負債，企業財報稱之爲「股東權益」，個人則稱之爲淨資產。以前投資股票時，看到活儲帳户的金額很少，心裡頭就很不開心，在學習資產負債表之後，漸漸學會個人的身價是看「淨資產」，各個單項的數字高低其實不太重要；換言之，資產負債表讓自己學會看整體層面，即使活儲帳户金額少，但是股票帳户金額不斷成長，心情還是很愉快。

記帳，是個人向企業取經的項目之一，多年下來也感受到優秀的企業、經營者有許多優點值得個人學習與採用，例如台積電每年高額的「資本支出」、「研究發展費用」占比，讓自身更有競爭力，就是顯著的例子。

本書，希望引導讀者學習優良企業以大局觀爲觀點，進而有效卓越成長。

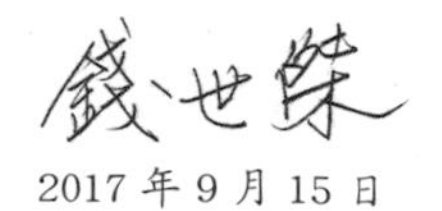

2017年9月15日

目次

Chapter

3 財務力與數據管理力

Chapter

4 思考力與觀察力

Chapter

1

社會互動力

找到人生的獨立董事

◎突然驚醒的獨立董事◎

- 2017 年 3 月 30 日，媒體報導必翔（1729）購買旗下必翔電股票，獨立董事反對。
- 2017 年 4 月 13 日，新紡甫公告擬現金減資五成，獨立董事稍晚跳出來反對。
- 2017 年 3 月 24 日，彰化銀行今年董事改選大戰愈趨白熱化！彰銀董事會決議將本屆董事任期提前至 6 月 16 日止，彰銀獨立董事潘榮春提出反對意見，認為違反章呈及股東會決議。
- 2017 年 5 月 17 日，和勤精機獨立董事就董事會議決事項表示反對。

獨立董事制度行之多年，因為獨立董事屬財務、法律等領域的專業人士，多未持有公司股份，所以能夠以獨立專業的角度，對企業經營提出寶貴的建議，並兼具監察人的監督功能。

不過，制度久了就跟廢了一樣。

因為獨立董事也有領薪資，所以很多變成酬庸工具，許多專業人士為了賺取董事的薪資，怕以後自己不被提名為獨立董事，於是董事會上應該表達意見卻不主張，未能克盡職責。

樂陞收購股權違約案發生後，3 萬多名小股東因為犯罪騙局慘賠，用放大鏡檢視該公司，才發現三大獨立董事來頭不小，都是響叮噹的大人物，包括資深媒體人陳文茜、前經濟部長尹啓銘及前台北市副市長李永萍，這時候出現一個問題，為何要選他們擔任獨立董事？

事後檢視，應該是想借用他們的人氣、形象來當門神；換言之，如果公司獨立董事只是選一些有知名度的人，而不是財務、法律或管理的專業人士，而且這些門神忙到沒時間好好負責獨立董事的工作，那就要小心該公司的營運狀況了。例如陳文茜女士辭任的理由是「既定工作需要出國」、「事務繁忙」[1]；出了事，還真是忙啊！

只要殺雞儆猴，對於錯誤的市場氛圍就會產生糾正效果。

而陳文茜、尹啓銘及李永萍 3 人到底有沒有善盡職責，社會各界提出非常多的批判，當然他們 3 人後來也都先後狼狽辭職，還可能面臨司法調查；自此，各個公司的獨立董事才驚覺獨立董事不是光領錢就好，還會有法律責任，這也是最近獨立董事紛紛「盡責」的主因。

金管會為了整頓獨立董事，於是在 2017 年 4 月 18 日公布市場上所謂的「樂陞獨董條款」，公開發行公司舉行任何一場董事會，起碼要有一位獨董出席。樂陞公司獨立董事有善盡職責嗎？

依據該公司 2014 及 2015 年年報顯示，獨立董事陳文茜鮮少出席董事會，其餘二人出席情況還不錯，或許這是陳文茜女士 2016 年 9 月馬上以工作繁忙辭任，而另外兩位直到 11 月才辭職下台的原因吧！不管忙不忙碌，實際的問題應該是出席了也沒有發生效果，而不是出席率的問題。

樂陞公司董事會出席情況參見下表：

	2014 年	2015 年
陳文茜	6.25%	27.27%
尹啓銘	81.25%	90.91%
李永萍	90.00%	100.00%

◎如何對待獨立董事？◎

我們的人生也要找一些獨立董事，不是光領薪水、等好處的獨立董事，而是願意給寶貴意見的諍友。諫言有時雖然難聽，但只要是為了自己好，就應該沉住氣聽完，並且檢討改進；身邊有一位說真話的「獨立董事」，好過身邊百位酒肉朋友。

①列出自己認為最優質的五位朋友

一般出社會的年輕朋友，每年可以交換的名片應該有 50 張，10 年大概有 500 張，多數人收到名片就收到名片盒中，這張名片從此永不見天日，但既然換了名片，就要認真對待。

我常參加一些研討會，在過程中會與其他人聊天，如果感覺還不錯，就會表示：「剛剛相談甚歡，可以交換一張名片嗎？」結束回到家後，會再審視、整理收到的名片，回想研討會上遇到的人，如果某些朋友的本質不錯，會在 1 週內寫一封電子郵件，簡單描述會面聊天的過程與重點，先讓對方想起你來，接著再表達感謝與榮幸，最後期待能在未來有更一步的聯繫。

如果有回應，而且回應的內容也不錯，就可以在節日寫一些祝福的信件，或者是簡單描述一下自己的發展，分享一下自己的成果，當然也可以邀請加入自己的專家群組；久而久之，就會有一群優秀的朋友常相左右，要在其中挑選出五位最好的朋友應該不是難事。

②列出跟他們的相處模式

最怕的相處模式是只會把酒言歡、炒作股票，其他並無可以互相激勵成長之處，這些朋友就可以先剔除，希望剛剛列出的五位好友不會因此就剃光頭了。現在科技軟體很容易將過去失聯的朋友重新組合起來，像是我的 Facebook 好友有 2,600 位，Line 大約有 2,000 位，再透過 Facebook 的社團、Line 的群組分類成不同的類別，就可以在這些社團與群組中獲得很多寶貴的資訊，例如我的老人社團大概都把國內可以看得到的老人資訊蒐集起來，只要回溯過往的訊息，大概約半天就能掌握各種有關老人的制度、法令，與有趣的發展，透過這些資訊的分享，可以讓大家一起快速成長。

③這些朋友給你正面的啓發或幫助，你能夠回饋什麼？

接著要列出這些朋友的專長，像是：

Dr. J：法律、投資理財	潘　哥：生物科技
天　大：股票趨勢	帥　星：資訊、電腦
博　大：大數據	艾倫大：產業資訊

有些朋友可能平常沉默寡言、不太討論，其實不需要太煩惱，因為每個人個性不同；其次，有些人可能只會說早安、晚安，這也沒關係，至少讓 Line 群組感覺很溫暖；也有少數的朋友可以提供很多精闢的分析，連笑話都很會屁；對於這些願意分享的朋友，基本上就是可以往來的獨立董事。

為了感謝這些獨立董事，我本身的回饋就是提出最佳評論，如某一事件的觀察點與看法，並且經營維繫一個好的平台，讓優質的朋友可以在這個平台上互相成長；畢竟在一個大家愈來愈宅的現代社會中，外面充滿了水準參差不齊的社團群組，建立一個好的平台就有極高的價值，也是對大家最棒的回饋。

建議：

1. 人際關係是要經營的，一個小小的禮物會讓對方開心一整天；一張小小的卡片，若是對方願意放在桌上，就可以讓對方定期想到你的存在。
2. 真正優質朋友的時間經常很有限，要讓對方願意優先處理自己的問題，就要讓自己的排序往前提升，一個小禮物的回饋是不錯的方法。（這個部分就等到文後「送禮的秘密」來討論）

註 1 2016 年 9 月 6 日樂陞公司重大訊息：「公告本公司獨立董事辭任」。

交換名片

◎名片是陌生關係破冰的好工具◎

行走社會總會遇到很多朋友，一開始碰面通常都會交換名片；拿到對方的名片後，必須要詳細檢視，先從姓名、單位職稱瞭解，往往我會把對方名字唸一次，避免唸錯而失禮，同時藉由唸名字的過程，增加名字與對方的關聯記憶，降低看到人卻想不起名字的尷尬。

自己的名片如果很無趣，難以引發對方的興趣時怎麼辦？例如我擔任「台灣法學基金會」法律推廣中心主任，這種頭銜看起來很炫，但卻是一種難以吸引對方的職稱。多次交換名片後，觀察到通常對方拿了就收起來，很少多聊有關名片上的內容，例如「台灣法學基金會是做什麼的？」、「董事要捐很多錢嗎？」可能是大家對這個單位很陌生，自然也想不出該問什麼問題。

反之，如果拿出來交換的是 ×× 局的名片，馬上很多人會開始品頭論足，諸如「我認識你們副局長耶⋯⋯」、「你們的長官○○○是不是調到 ×× 單位，我跟他很熟⋯⋯」，因為長官實在太多了，常常想不起來這位長官是誰，只好尷尬微笑，有時聽到認識的長官還要瞪大眼睛，表現出驚訝羨慕的神情說：「哇，大長官耶！」接下來往往就是圍繞在如何認識大長官，分享一下他們彼此之間的交情是如何如何得好。

●藉由知名人士來彰顯自己，屬於人之常情

就像是許多人都會想盡辦法與總統拍照，總統可是有維安特勤部隊隨時保護著，想要一起合照非常困難；但還是有許多機會，諸如選舉的時候，總統候選人為了爭取選票，往往來者不拒，一張張合照換取一張

張的選票，而部分的合照就被拿來利用了。

如果和這些大人物的合照只是放在臉書、Line 上面轉傳，沾沾自喜一下倒也還好，就怕貼在公司牆壁上，搭配和其他政商名流的合照，作為自己人脈廣闊、為人正派的證據，那麼恐怕就是一場災難了。像是樂陞公司收購案破局，使得三萬多名投資者飽受損失，之所以會失去戒心，除了過去沒有收購失敗的案例，加上樂陞公司的獨立董事尹啓銘、陳文茜、李永萍也都是有頭有臉的人物，名人加持下讓投資客卸下了心防，到最後也為此付出了代價。

再舉一個例子，曾占據不少捷運站的一角，提供網路訂取食材的快取寶公司，其負責人孫岳澤夫婦涉嫌吸金 140 億元，孫岳澤宣稱鎮瀾宮董事長顏清標投資 10 億元，還透過陳姓代理人開出 6 億元支票，並出示自己和顏清標的合照，營造雙方關係密切的假象。讓許多相信顏清標聲望的投資者，放心地加碼投資，結果還是一場騙局[1]。

●實力，才是讓人尊敬的關鍵

要讓別人尊重自己，不在於自己跟多少人認識，換過多少張名片，最重要的是自己的實力。今天若是與一位新朋友交換名片，重要的是趕緊看看彼此是否有相互學習的地方，不要一看到對方名片中的單位，大腦就開始搜尋記憶體中曾經認識過哪一位該單位的大官，即使想到了，也要避免強調認識對方單位主管，和沾沾自喜於人脈多廣，這種爛習慣只會引起對方反感，對於人脈的建構並沒有什麼幫助。

◎有實力的人不會招搖◎

2001 年間，有一位金◯鵝唱片公司負責人陳◯龍，人稱「地下警政署長」，因案被判入獄服刑。陳某曾擔任台北市警友會會長，警界人脈良好，據傳一些中高階警官要升官，都會找他「指點」，雖然相關單位出面澄清，表示升遷一切依法，但很多有趣的現象值得推敲[2]。

陳◯龍後來還發生了國內少見的換囚頂包案，當時陳因司法黃牛案遭判刑 1 年半，自然要入監服刑，但平日生活舒適的好野人，怎麼受得了監獄服刑的日子，所以想方設法地找門路；一開始是拒絕到案，結果被通緝，後來與曾擔任台北地檢署檢察官的柯◯柱委任律師，找了位遊民假冒入監。

本該是天衣無縫的一場戲，沒想到陳◯龍的一件陳年舊案突然被翻出來，為避免東窗事發。柯◯柱想盡辦法教替身如何在法庭應訊，以免被識破。法官回憶起當時審訊的過程，確實充滿疑點，像是陳◯龍成立的金◯鵝公司也算有名，但詢問頂替陳◯龍的鍾◯義「現在公司狀況怎麼了？」，卻僅回答「收了……我在做小工」。

這樣的回答雖然安全，卻讓法官懷疑鍾◯義是掛名的人頭，於是遲遲無法結案，沒想到一紙檢舉信，指證柯◯柱在擔任執行科檢察官時，囑託桃園地檢署代執行，即使台北、桃園兩地很近，但還是不解押回台北，沒有見過陳◯龍的桃園地檢署，被桃園鍾◯義用貼有假照片的身分證蒙騙過關，使得陳◯龍得以在外吃香喝辣。在揭穿了這一場謊言後，才發現這起離譜的換囚案。

姑且將換囚案擱在一邊，回到陳◯龍擔任警友會會長這件事情，這些喜歡擔任警界警友會會長的人，到底求的是什麼？

金錢與權力，是人性追求的兩大重點，賺飽了錢，就會想要權，這是簡單且千古不變的道理。好不容易花錢當上警友會會長，又出錢又出力，自己兄弟想要升個分局長，警界高層難道會不給點面子嗎？

即便卸下了會長的位子，至少還是警友會的顧問，還是有許多人尋求「幫忙」，或許已經不是那麼有辦法，但電話線依然暢通，與對方通上電話，東扯西扯裝熟一下，談話還夾雜一些髒話，在朋友面前證明兩人關係匪淺，說不定電話那頭早就掛了電話，還是要繼續假裝講電話，看到這場景的人，難道不會信他？於是該打點的錢壓在茶葉禮盒底下，請求看起來好像可以打通關節的人幫忙協助。

口口聲聲強調自己關係良好的人，一般來說都屬於酒肉人脈派，不屬於實力派，有實力的人不會到處招搖。

如果交換名片的人是初次見面，還搞不太清楚對方所求為何，對方看了名片就東扯認識誰，西扯跟誰關係很好，有可能只是想要找你幫一個有點麻煩的忙。這類型的人過去用這招的時候，可能曾經有效，畢竟許多人希望與有辦法的人物認識交往，藉此換取更大利益，於是這次還是出這一招；再加上人是互惠的動物，我今天幫助你，改天也希望你幫助我時，也比較好講話，假裝自己很有辦法的招數為何一直有效，也是其來有自。

不過有時候常常碰到一些令人厭煩的情況，對方提到的人物剛好我都頗為反感。譬如某某長官前些日子才剛劈頭罵了我一下，結果這位朋友卻不斷強調跟這位長官有多熟悉，當然內心馬上升起了防線，這就好比是與蔡英文總統會面時，卻白目地強調與前總統馬英九有多熟悉的概念，簡單來說根本是「找死」。

有實力的人喜歡靠實力交朋友和建立人脈，沒有實力的人只好靠一張嘴了。

建議：

1. 一直強調自己多有辦法的人，聽聽就好。
2. 建立自己的實力，以實力經營人脈，才是長久之計。

註1 快取寶投資人指控業者打顏清標牌吸金，http://www.appledaily.com.tw/realtimenews/article/new/20170405/1091693/。

註2 換囚頂包案外案／陳○龍具名推薦？警界爆買官疑雲，http://news.ltn.com.tw/news/society/paper/34177。

朋友還是顧問？

◎1年730個法律諮詢◎

「教授好……可以請教一個法律問題嗎？」

每隔1、2天，點開臉書或Line，幾乎都會收到這類訊息，雖然有加好友，但看暱稱實在沒印象，再檢視過去的訊息紀錄，曾經拜託對方投票，沒回應，曾經打招呼也沒回應；再看個人介紹，有在活動，但從一些個人介紹、貼文、照片，判斷應該是不太熟的朋友。

這類型的諮詢，很高的比例是問了問題後「不知去向」，以後也不會回應，說不定下次請他幫忙其他朋友臉書活動的投票，還是一點回應都沒有。雖然幫助別人並不是為了回報，只是自己的時間也非常有限，對於這類朋友的法律諮詢請求，值得幫忙嗎？

還有一些更誇張的，我不時會接到如下內容的電話：

學生：「老師您好，我是您的學生，想要問個法律問題。」

Dr.J：「你是……」

學生：「我是你的學生啊！」

Dr.J：「哪一位呢？」

學生：「進修部的學生。」

Dr.J：「大名是……？」

學生：「講了你也不記得了，可以問法律問題嗎？」

教過數千人，講了名字確實我未必會記得，但這是禮貌，況且就算認識的人都沒有義務幫忙，何況是陌生人。從演化的觀點來看，人類是一種互相合作求生存的群聚型動物，為了確保危險發生時，大家能互相扶持，人與人之間的關係必須長久經營，建立一定程度的信任關係，而不是偶發性地經營；最糟糕的是有事情才找人幫忙，幫了忙之後，不趕緊補強經營，反而把對方當作鋁箔包飲料，用完即丟。

換個角度來思考，假設自己今天發生車禍被撞，現場來了一些凶神惡煞，明明是對方有錯，卻罵得好像是我方有錯一樣；環顧四周，警察好像跟他們很熟，這時誰可以伸出援手？又該如何保障自己的權利？該主張哪些項目的賠償金額？腦中有了一連串的問題，猛然之間卻想不出來可以找誰幫忙。

翻了翻通訊錄，親戚中沒有懂法律的人，大伯的女兒是讀法律，但自恃甚高，臭屁的嘴臉想到就討厭，不想低聲下氣地問問題；網路上雖然有許多免費的法律服務，卻感覺可能會坑人；想來想去，還是想起求學期間教過自己的親切的法學老師，翻了當年的記事本，居然還留有老師的電話，於是鼓起勇氣撥了通電話。

這也是我常碰到一些千年未聯繫的朋友、學生，突然敲了訊息、撥了電話，尷尬地噓寒問暖，為許久未聯絡感到抱歉，因現在發生一些困難，希望我能提供一些法律上的專業建議的原因。次數非常多，1 天至少有 2 件，1 年大約有個 730 件。

相信大家在許多企業的牆壁上，都看過掛著一張裱起框的法律顧問證書，要能貼上這張顧問證書，多少也要花個幾萬元的顧問費，可以拿來嚇人，也可以在發生訴訟事件時，拿起電話找這些顧問獲得即時的諮詢，並架起法律防護網保護企業的正常運作。

企業需要專業的朋友，也就是顧問；一般民眾的身邊也不例外，踏出社會就要開始結交專業的朋友，當然朋友的交往著重於互惠，未必要有金錢上的交換，但如果沒有專業上的技能，最好的方式還是給予一些關懷，定期送些小禮物，才不會在專業人士的腦袋中逐漸淡忘。

◎到手了就不珍惜◎

以前在淡水看一個「○○有約」的建案，看屋人潮相當踴躍，接待我的是一位滿臉笑容，一看就是業務臉的女業代，雖然有化妝，但明顯看得出來約有 40 歲，口條清楚，而且每句話都是行銷術語。

正聽得如癡如醉之際，一位老客戶急急忙忙地拍了一下銷售小姐的肩膀，打斷了我們的談話。他表示已經交屋的成屋有一些小瑕疵，有點氣憤地詢問建設公司何時能夠處理好，說時遲那時快，這位小姐馬上臉色一沉，這讓我有點驚訝，居然收起了笑臉，好像是叉著腰的晚娘，直接回了一句：

「有空我再處理，現在有客人。」

「可是這件事情已經處裡很久，你要趕緊幫我跟公司講……」

這時候腦中幻想出一幕場景……

只見銷售人員火冒三丈地站了起來，左手叉著腰，右手指著老客戶的鼻子，破口就是連珠炮：「你這個傻逼，沒看到老娘正忙嗎？吵吵吵，快到手的肥肉就要叼在嘴上，你還問東問西的，老娘要是回你話，哪來的嘴叼肉……」只見這位老娘坐了下來，一轉頭又變回滿面笑容：「先生，您對這個建案還有什麼想要瞭解的嗎？」

「先生……先生……」

好像是白日夢做太久了，被對方一呼喚才醒了過來。原來剛剛只是一場夢，背脊從後腦勺一路涼到尾椎。世態炎涼，這位銷售小姐賣房子的時候口口聲聲說服務到底，等簽了約上了鉤，就到底了。

當績效數字成為目的，客戶變成達成目的之工具。

也許這是人類的天性，不過會來找我諮詢的，加減有一咪咪的緣分；遇到這些突發性的訊息、來電，大多還是會幫忙一下，雖然有人認為這種免費服務是踐踏專業。反正成本不高，即便提供諮詢之後，這些朋友又消失無蹤、無聲無息，但我相信這些朋友的心中應該有保持著感恩的心，只是沒有講出來，絕對不會像那位銷售小姐一樣，買屋好像上賊船的感覺。

朋友不是鋁箔包，喝完即丟。

人是群聚動物，遠古時代社會為了抵禦外辱，必須要互相扶持才能維護生命安全，因此在人類的基因中，互相幫助是一個基本的行為模組；只是隨著時代的演變，社會的交錯關係愈來愈冷漠，從小小的村落到六都人口破百萬的都市，這一個互助模組不知道該如何運作，使得發生困難時，才開始想起要經營可以幫助自己的人脈，急忙拎著一些禮物登門拜訪。

發生問題才想起朋友，這種人脈經營方式，會讓別人略感不舒服，恐怕只會獲得冷冷的回應，較難獲得「好友等級」的支援。平常可以多關心一下朋友的近況，對方有需要時問候一聲，讓對方心中有一塊關於自己的記憶。

◎送禮的秘密◎

●社會交換理論

有位朋友是水電方面的專家，當時我的房子需要安裝電器，但因為這個電器需要有點技術，法商背景的我沒有學過這些水電裝修的知識，於是找了這位朋友來幫忙。

朋友二話不說立馬過來，處理完後，天色已經稍有昏暗，只見他家人不斷電話詢問晚上是否回家吃飯，心裡實在感到愧疚。當時年紀輕沒有社會經驗，掏出 2,000 元表示感謝，當下看到對方的表情有些尷尬，似乎不知道該不該收。

但當時我只是忙著說謝謝，打擾他的私人時間。

這個經驗，一直讓我思索多年，到底該怎麼做會比較好呢？

①不給錢，說謝謝

②給個小禮物，說謝謝

③給 200 元，說謝謝

④給 2,000 元，說謝謝

自從看到了「社會交換理論」，隱約找到了答案。所謂「社會交換理論」，起源於 1950 年代，Malinowski 研究超布連（Trobriand）島民的交換系統，取名為庫拉圈（Kula Ring）。每一島上的居民都會將貝臂鐲與項鍊分別交到東、西方的鄰島，這兩樣東西會經過循環回到原來的島民手上！貝臂鐲與項鍊都不是私產，亦非消費品，不能被消耗，而是島民間社會連結系統的中介物；該系統不只是經濟或物質的交換網路，同樣也是一種符號的交換，二者構成社會關係網路，引起並維持交換關係的力量並不是經濟需求，而是心理需求[1]。

社會交換結構主義（Exchange Structuralism）認為人們基於種種理由而彼此互相吸引，這些理由將他們涵蓋一起以建立社會結合。一旦初步的聯繫形成，彼此提供的報酬就能維持和強化彼此的連帶。至於所交換的報酬可以是內含的，像是愛、情感、敬仰等，或者是外加的，像是金錢、體力勞動等[2]。

●講到錢，轉身就走

這樣子描述有點冷硬難理解，來講一個「努力與代價」的實驗。

杜克大學行為經濟學教授丹・艾瑞利（Dan Ariely），曾經做出一個有關於社會交換轉換成市場交換的實驗。實驗所提出的假設：金錢報酬會啓動市場交換機制；換言之，會因為不同的報酬而有不同的付出，而無報酬或贈送禮物會啓動社會交換機制；換言之，付出是顯然獨立於報酬水平。實驗過程要求受試者將電腦中的圈圈移到電腦中的方形裡，並計算 5 分鐘內移了多少個圈圈，在給予下列各組不同的報酬，來判斷不同報酬是否會影響其表現[3]：

①低金錢報酬（50 美分）、

②高金錢報酬（5 美元）

③無任何報酬，並告知為社會服務。

實驗結果，獲得 50 美分的組別平均移了 101 個圈圈，5 美元的組別領了更多的錢，表現提高了大約 50%，移動 159 個圈圈；最有趣的是沒有酬勞，並且被告知是社會服務的組別，居然拖曳了 168 個圈圈，比另外兩組都高。這個有趣的發現是，在與金錢無關的社會規範下工作的受試者，比受到金錢驅使而工作的受試者更加地努力。

其次，50 美分的組別，並不會比分文未得者的組別更努力工作，這表示 50 美分的組別，已經從社會交換轉變成市場交換的關係[4]；當受試者依據市場規範付出時，利他表現會比無報酬的時候要差。

對於人類的利他傾向，實驗的主持人 Heyman. J 與丹 · 艾瑞利觀察到人們有奉獻的傾向，例如搬家時幫忙搬一些珍貴的小東西，事後給一個感覺很溫暖的小禮物，他會很高興，甚至不給禮物，只是口頭上的感謝，他也很高興。但如果跟他談錢，表示幫忙搬東西給你多少錢，那這位朋友就會生氣，因為關係從社會交換轉變為市場交換[5]。

接著又進行一個實驗，如果都不給錢，而是將前述金額轉換成差不多價格的小禮物，如下列三個小組：

①平價禮物報酬：Snickers 巧克力（50 美分）

②貴的禮物報酬：Godiva 巧克力（5 美元）

③無任何報酬，並告知為社會服務。

研究的結果是，無論哪一組，平價禮物、貴的禮物，或者是什麼都沒有，受試者都沒有感覺到不快樂，因為只要沒有金錢，就會持續待在社會規範的世界中，並且遠離市場規範[6]。

最後一個實驗是把這兩個規範的訊號混合，就是很明確地告訴受試者禮物的價格，分別是「價值 50 美分的 Snickers 巧克力」、「價值 5 美元的 Godiva 巧克力」。實驗結果發現只要在禮物上標價，就會造成市場交換的結果，也就是價格愈高的禮物，會讓受測者更努力地移動圈圈。

從行為經濟學的研究觀察，社會交換與市場交換很難同時並存。所謂社會交換，可以理解為高尚的人際關係，而市場交換可以理解為銅臭味的人際關係。丹・艾瑞利教授認為人們願意免費幫忙，也願意拿合理的工資幫忙；但若提供的酬勞太過微薄，他們會拒絕。送人禮物，哪怕是很小的禮物，也能打動他們伸出援手[7]。這時候，「禮物」代表的不是金錢，而是一種超出金錢的感謝，如同丹・艾瑞利教授所說：當你提到禮物的成本，可能還沒有說完，朋友就會轉身離開。

●不可避免的市場交換

《圖解魅力學：人際吸引法則》一書中，提到不少有趣的實驗。其中一個實驗的結論告訴我們，送禮者往往無法準確預測到收禮者真正想要的禮物，而容易選到不適宜的禮物[8]。送禮者通常會以為收禮者喜歡收到禮物，但如果有收到等值金錢的機會，實際上收禮者喜歡收到金錢的比例更高[9]。當你送紅包給長輩時，他們通常都會開心笑納，但如果是送禮物，可能就不那麼開心了，因為年紀大的人比較務實，比較擔心老來口袋沒錢，所以收到錢會比較高興。

看起來這個實驗似乎與前面討論的「社會交換理論」有點矛盾，實際上未必會有衝突。

前面表示人際之間如果有金錢因素介入，相互幫忙關係會變成金錢僱傭關係，人與人之間的關係開始用金錢價值來計算。但人與人很難一直保持純粹的「社會交換」關係，「市場交換」是必然的狀況。只是遇到送禮的機會時，收禮者通常不好意思開口說「可否直接兌現？」

雖然「金錢」是很多人心中真正想要的東西，可是直接要求金錢會感覺像是乞討的行為，直接問對方是否可以收錢也不太禮貌。所以很少看到送金錢當作禮物給朋友，除非是違法的賄賂行為；如果與收禮者的關係很親密，像是父母，過年的時候最好送錢，送錢絕對是一個很好的選擇。

當然，送錢給另一半當作禮物，也是不錯的選擇，甚至也可以學電影「華爾街之狼」的劇情，送一台遊艇給美麗的配偶。

建議：

1. 想想看自己身邊有沒有可以幫忙的專業顧問，沒有的話要趕緊尋覓，找到了就要好好抓緊經營。
2. 參加一些群組、社團，平常可以提供一些資訊的分享，多多關懷群組、社團中的朋友，關懷的時候要稱呼對方的名字，不要只有對大家說好。
3. 有需要幫助的時候，就鼓起勇氣尋求支援，如果對方是自己的老師，要描述一下自己的身分，喚醒對方的記憶，這是禮貌。
4. 如果不認識專業人士，可以透過一些較為熟識的朋友代為尋求專業的支援。
5. 人是互惠的動物，也喜歡主動幫助別人，接受幫助之後除了表達感謝之外，可以送個小禮物。
6. 真心誠意的友誼很難用金錢衡量，如果要送錢，千萬不要送小金額，以免有羞辱的意思。
7. 比較親近的親人如父母，適合送金錢當禮物。

註1 王宜敏，〈影響資訊人員知識分享行爲之因素，以社會交換理論爲基礎來探討〉；孫思源，〈由社會交換理論探討資訊系統委外合夥關係之影響因素〉，2001年。
註2 孫思源，〈由社會交換理論探討資訊系統委外合夥關係之影響因素〉，2001年，第34頁。
註3 參照 Heyman, J., & Ariely, D.,Effort for payment a tale of two markets, Psychological Science, vol.15, no.11, 2004, p.787-793.。
註4 丹．艾瑞利，《誰說人是理性的》，遠見天下文化出版公司，2014年6月5日第二版，第111-114頁。
註5 王宜敏，〈影響資訊人員知識分享行爲之因素，以社會交換理論爲基礎來探討〉，中山大學人力資源管理研究所碩士，2001年，第19頁
註6、7 丹．艾瑞利，《誰說人是理性的》，第114-115頁。
註8 Francesca Gino，《爲什麼我們的決定常出錯？》，第100頁。
註9 Give them what they want: The benefits of explicitness in gift exchange，http://francescagino.com/pdfs/gino_flynn_jesp_2011.pdf。

500人群組的困擾

◎600萬人口的孤寂感◎

有一位長相清秀的朋友，家住南投山上，大學畢業後決定留在台北工作，她在江子翠捷運站旁邊租了間套房，因為住在沒有電梯的公寓，因此價格便宜許多，每個月才7,500元。對於剛出社會的女生而言，薪水不過3萬出頭，日子倒還過得去。但是「離鄉背井」四個字說起來簡單，卻參雜著許多難以言喻的味道。

每天一大早起床，趕7點半搭上捷運，晚了不但會很擁擠、沒位子不說，人貼著人總是感覺不舒服，若是遇到色狼還會被摸兩把，右手提著包包，左手拿著手機，根本也很難防禦色狼的攻擊；到了辦公室，現在老闆對待員工又不是那麼人性化，3萬元薪水一定要操到6萬元的價值，6點工作還是做不完怎麼辦，領加班費做完？

錯，責任制！

這樣子不是違法嗎？

有種你就不要幹，鼓起勇氣跟公司對幹；其實人在屋簷下，有時候不得不低頭。或許會想說可以靠政府，但政府名義上站在勞工這一方，但實質上卻站在資方，像是一例一休推行後，勞工其實也沒獲得什麼利益，甚至有的政府都不願力挺[1]。

就這樣每天做到晚上8點，只能領個100元的便當津貼，直到工作到一段落，還只是「一段落」而不是結束，才拖著疲憊的身軀，搭上已經沒有太多人潮的捷運，混雜著人來人往些許的汗臭味，眼睛直視著前方，大腦不知不覺放空起來，直到大腦的自主警覺系統，將到站的捷運提醒聲放大，趕忙將已經失魂的腦細胞凝聚起來，手挽著已經可以說是戰鬥背包的包包，慢慢地沿著馬路回家。

打開家門，5 坪大的空間床就占了一半，床尾緊接著一張勉強算是書桌的桌子，上頭有電視、熱水壺和一些民生用品，沒有其他多餘的閱讀空間了；桌子右邊約一人的寬度，就是浴室加廁所，雖然尚稱乾淨，但房東為了多賺些錢，隔得特別小，也沒有規劃空氣流通空間，掃得再乾淨也擋不住廁所臭味。而電視上乾淨清爽、乾濕分離的廁所，根本就是小資女想要達成的一場夢。

30 歲了，每天過著一樣的日子，下了班就是床，上班就要面對擁擠的捷運車廂與無窮盡的工作，一到假日也沒有熟悉的朋友可以相聚，只有偶爾回到南投山區寧靜的家，吃著媽咪的愛心飯菜，與弟妹聊著工作的苦澀與辛酸，雖然人少卻是最溫暖的地方。台北市、新北市人口加起來 600 多萬，全台灣四分之一的人口都擠在這兩個都會區，人擠人的熱鬧卻有著許多難以言喻的孤寂小故事。

◎群組成員多寡與冷熱度◎

最近參加了一些群組，人數都超過了 400 人，相較於 100 人左右的群組，人多的群組反而異常安靜；如同前述故事一樣，600 多萬人口的都市，藏不住內心的孤寂。

我常常很熱情回應別人的貼文與看法，但得到互動的比例很少，10 則貼文、分享，能有一則回覆就不錯了，而且愈有價值但難懂艱澀的內容，就愈少人回覆。這樣一來，每個熱情的心像是碰到了冷屁股一樣，逐漸也就少了參與。

如果從版主的角度來看，當熱情的心被澆息之後，群組就好比戰後廢墟、一片寧靜。為了維持群組的活力，版主還必須持續提供資訊，可是訊息像是掉到湖中的斧頭一樣，除非湖中神仙幫忙撿起來，否則金斧頭也難以找回。

人多，反而安靜。這弔詭的現象，讓我想起了「150 法則」，又稱為「鄧巴數字」。《150 法則》是一本英國牛津大學演化人類學系教授暨莫德林學院（Magdalen College）院士，羅賓．鄧巴所寫的書，他主要的研究是關於人類社會行為的演化，其所提出的「150 法則」與人類演化有關，從數萬年的歷史中發現，多數人處於百餘人的社群中，所以大腦發展有了社交的極限，超過 150 人，大腦的運作就容易當機。

雖然我的臉書朋友控制在 2,500 人左右，遠遠超過 150 人的大腦上限；上千位的朋友可能只有 250 位臉書朋友會有互動，這 250 人中又屬我最為活躍，所以我會頻繁地出現在他們的臉書塗鴉牆上，他們也順勢在貼文中留言，把我當作重要好友，並且期待相對應地對待。

1/2500 與 1/250 此一落差的背景，常常會產生互動上的誤解，譬如對方認為跟我很熟，偶爾開開無傷大雅的玩笑，所以用詞上稍微有點過火；可是從我的角度上來看，卻是一個失禮的回應，因為大腦記憶中彼此並不是那麼熟悉。

過去我常常因此有一些冷冷或過火的回應，使得人際關係處理並不好，可能在不知不覺中傷害了把我當作好友的朋友。從「150 法則」的理論來看，這種結果是必然的，如果要解決此一問題，就必須要突破 150 人的記憶上限，只是該怎麼做才能有所突破呢？

其實可以用一些簡單的方法，當與臉友有良好且重要的互動時，透過臉書的「私訊」功能，寫一段簡短感謝的話，就可以產生紀錄，日後可以隨時調出來看，瞭解彼此的關係，藉此做出正確的回應。

舉個例子，譬如某臉友來問：「因為有親人參加 ×× 選美活動，是否可以協助投票？」因為對該臉友的暱稱沒什麼印象，到底要不要大費周章地全力相挺，這時候只要翻閱訊息紀錄，發現彼此曾經互動熟稔，只是因為3個月沒有互動，所以大腦記憶中逐漸淡忘，而誤以為並不相識。當找到這些資料，就知道應該要熱情回應、積極幫助，避免不必要的友誼損害發生。

像是Line有「記事本」的功能，也可以協助留存對於朋友的記憶，譬如對方曾經幫我一個忙，就在記事本中寫下一段感謝的話，或者是註記兩人的關係，像是「理財幼幼班2讀者」、或是「協助×××投票，謝謝」、「常常窩心地分享資訊」、「性感香腸小天使」，這樣子的記事內容有助於自己人際關係的經營。

●每當感到大腦不夠用的時候，就可以把記憶的工作外包給「雲端資料庫」吧！

建議：

1. 利用訊息、記事本記錄彼此的友誼，如果要建立群組或社團維繫彼此的感情，規模不要太大，150人以內即可。
2. 舉手之勞幫助朋友，不要偷懶。

註1 南投縣：研擬不實施一例一休，https://money.udn.com/money/story/5648/2340343。

刷存在感

◎還記得小時候的夢想嗎？◎

讓我們回到國小課堂的場景，還記得小學五年級的老師是誰嗎？如果想起來，回想看看老師是否曾經問過一個問題：「長大之後要做什麼？」許多同學被老師叫上台回答，有些扭扭捏捏地說想當科學家，也有人很認真地說想要當總統，有些女生想要當老師，通常會想要當老師的學生，往往是因為老師對同學很好；當然也有些比較調皮的學生，嘻皮笑臉地說想要當乞丐。

在國小時，這個問題一直陰魂不散地會碰到，老師們似乎沒什麼創意，幾乎每位老師都喜歡學生思考這個問題，甚至作文題目也加碼來一筆，像是「我的志願」、「人生目標」、「心的方向」，洋洋灑灑地寫了一堆，文章收尾之處，總是加上「要做一個堂堂正正的中國人」，當然現在的風向要改成「要做一個堂堂正正的台灣人」。

年少時，老師們不斷鼓勵學生長大後要有遠大的目標。所以不自覺地，這成為我們細胞中的基因，期待自己能成為眾人所注目的焦點，也因此賣座的電影像是超人、蝙蝠俠、蜘蛛人，每個都能力超強、異於常人，為了正義而努力不懈；只是現實社會中又有多少人能成為眾人眼中的英雄？

答案是極少。

如果陳水扁、馬英九與蔡英文這三任總統，是因為國小就立志當總統，而成為課堂上的活教材，希望大家都能好好努力朝總統邁進。但總統 4 年才一位，甚至 8 年一位，假設有 10 萬人想當總統，但只有一人有機會，廝殺慘烈可見一般。因此，在期待下一代有遠大抱負與理想的時候，不要忘記兩件事情：

①目標的達成不一定要位子：

你未必能做到想要的職位，但這個職位應該有的熱情仍應存在；像是想要成為台北市市長，如果這輩子沒有機會選上，但是平時就能替台北市民服務，假日可以當掃地僧，幫忙清掃街道，每週可以撥出一點時間參加社區巡守隊，這些選擇都可以讓台北市生活環境更美好。

②台下鼓掌的力量：

如果坐上這個位子的人並不是你，而是隔壁常常欺負你的胖虎，也沒關係，我們要學習替別人鼓聲的氣度。一人上台、萬人鼓掌，少了鼓掌的人，一人上台也難有滿足感。

不要小看掌聲的威力，台上的人也是需要掌聲的鼓勵，才有往前驅動的力量，像是歷任總統如果一直被罵，愈做愈沒勁，民調支持率從 69% 降到 9%，表現會好才有鬼。

◎比拼人生爽度的戰場◎

每個人都希望別人能看重自己，成為目光的焦點，如果小時候的目標無法達成，同學當醫生、當教授，有些還創業當老闆，而自己還在工廠當作業員，或者還在努力於國家考試，人生落差這麼大，那該怎麼樣才能成為別人注目的焦點呢？臉書就成了眾人生命的救贖。

有些朋友忙著分析時事、提出觀點、檢討投資錯誤；有些則忙著抱怨同事的錯誤、想著夜市好料和晚餐吃什麼、打卡寵物照、出國照、開名車、爽爽旅遊、買包包等刷存在感的行為，隨著時間過去，看到愈來愈多的讚跳出來，也激起自己貼更多豐富貼文的心。

現在不只是貼文，連直播都大行其道。

所謂直播，就是不再限於文字、照片、影片、連結等貼文，而是以即時的影片窺視他人的生活。金凱瑞主演的電影「楚門的世界」(The Truman Show)，描述楚門從小的生活就是一種假象，是一個實境節目，只有楚門自己不知道，有人演他女友、有人演他上司，可以說全民看著楚門長大。

隨著楚門慢慢成長，發現了這個世界許多可疑之處，而找到了世界都是造假的真相。該部電影中，楚門並不知道自己身處於實境節目；而在今日的世界中，人人都想要成為實境節目的主角，將鏡頭對準自己和周遭的環境，把最即時的影像分享給朋友。

人希望受到關懷，而且追求安全環境；此外，也希望成為關注的焦點，享受光環帶來的利益。因此，網路時代裡，刷存在感只是一種必然現象，人人透過網路科技成為目光的焦點。

回到先前談到人數大於 150 人的 Line 群組，會比人少的群組還要更冷清。有可能的原因是，當大家都搶著發言時，往往因為人多嘴雜，目光焦點會落在少數人身上，長久下來沒有受到重視，無法刷存在感，就難有心再參與群組的討論。

身為版主，必須要滿足大家刷存在感的需求……

身為成員，也希望成為 spot light 的焦點……

有一些小技巧可以溫暖別人，例如：

①標示重點，感謝 ××× 分享

當別人貼文、影片的時候，剛好又是自己有興趣的內容，看完後標註一下重點、心得，再貼回群組中，並且說是 ××× 貼文的讀後心得，並且讚美很有趣、很有幫助，甚至具體說出有趣與有幫助的「點」；當初始分享者看到後，會覺得自己的努力有代價，版主的公開肯定會讓人極具成就感，慢慢地分享的風氣也會散開。

②針對特定對象感謝

表示感謝的方式若能針對「特定對象」，而不是全部的對象，效果會非常好。一般常見的感謝太簡單了，大部分是按個感謝的貼圖；只是貼圖感謝，會讓人感覺太過簡化，甚至會讓人感到敷衍，建議可以多一點表示，舉幾個例子如下：

謝謝 ××× 的評論。

謝謝 ××× 的分享，讓我在○○方面有很多的幫助。

尤其是第二個，單純的感謝不代表自己看過，但如果能夠具體指出對方貼文的重點所在，會讓人感受到你是真的有看過，而且真的覺得有幫助，使得貼文者感受到自己存在的價值，會持續努力對整個群組展現貢獻度，並藉著分享的過程來達到自我成長的目的。

建議：

1. 小時候的夢想，不一定長大會完成；有信念、有夢想不代表一定會成功。
2. 一家公司總經理的職務只有一個，自己雖然只是小職員，但公司少了關鍵螺絲釘也是無法運作，別小看自己喔！
3. 學習當在台下替人鼓掌的聽衆，欣賞別人、替人鼓掌也是一個很重要的角色。
4. 回應的時候，加上對方的名字。
5. 若想要回應別人的分享，要認真閱讀對方分享的內容；具體說明分享者的重點，代表真的有用心閱讀內容。

影響力背後的親和力

◎博士頭銜，不代表什麼◎

我有一位群友杜珠姐，感覺氣質很像英國王室貴族，舉手投足非常優雅；另外一位技術分析專家朱家泓談話也是一樣，不急不躁、感覺很舒服，是一種沉穩內斂，沒有誇飾的紳士風感覺。

這種氣質需要長期培養，可見家庭教育也是重點，有可能出身名門世家，從小家教甚嚴，加上後天的自律，造就舉手投足間自然流露的貴族氣質。這一點讓我很羨慕，雖然也想要有這樣不經意散發出來的氣質感覺，但往往沒幾分鐘就破功，又回到了搞笑版。

許多人聽過我的課之後，會偷偷反應說很驚訝，本來以為上課講師會很嚴肅，但實際是輕鬆歡愉的課程中展現出高度親和力。這往往讓我很納悶，因為自己向來都很輕鬆生活、友善對待他人，難道這是特色嗎？是否因為具有博士、教授、法律人這些頭銜與身分，而造成一種嚴肅、可怕的印象？

有些人一有了頭銜，就覺得自己高人一等，講話咄咄逼人。常聽聞國內某頂尖名校的法律研究所，只收頂尖法律生；收頂尖法律生相信是每個學校所期盼的事情，問題就在於什麼是「頂尖」？側面聽到的內容讓我很訝異，律師、司法官排名前面的學生才收為門下，排名後面的就不收，這種分數至上的觀念，對於檯面上的少數菁英分子荼毒甚深，只看「智育」，其他什麼都不看。

關於這種傳聞，我也有一個不太舒服的經驗。一次參加新竹某名校的研討會，主辦人在會議休息時與一位檢察官閒聊，不斷地鼓吹他來報考博士班，並明示暗示會保留名額，這就讓我懷疑當年報考該校時候，是不是因為資歷不夠而無法錄取。

不過，吸收有資歷的優秀人士，本來就是許多學校擴張自己實力的辦法，至少比前面那一所以「考試排名」決定是否錄取好得太多了。只是，檢察官主要也是靠考試錄取，背景也是智育，以智育的優劣來決定是否錄取，制度走久了就會產生偏差。

現在自己也取得了博士學位，但還是保持平常心，深知博士這個頭銜只是代表學到了研究的方法，能力也未必比他人強，要隨時保持著謙虛的心態，自然也少了學位光環的驕矜之心。

◎落差感的強化效果◎

如果一般人具有親和力，會被認為是應該有的基本品德；但如果位居高位，依舊如隔壁鄰居一樣親切，則會產生「落差感」。我在受邀講座的時候，除了身穿西裝嚴肅了點之外，還是常掛笑容在臉上，也喜歡講笑話，也會積極與人互動，因為與聽衆預期產生落差，自然有強化親和力的效果。

蔣經國先生有所謂的十大民間友人，這讓小老百姓都覺得他非常具有親和力。但反過來想，難道各位沒有十大民間友人嗎？很多同事、朋友都很親切，我們不會特別跑過去跟他們說：我覺得你好親切。

這是因為期望與事實相符，兩者並沒有落差感，自然不會有很大的感觸。一般人對經國先生本來預期親和度為 -100，但一看到本人的親和度為 +100，就會有 +200 的感覺；反之，一般人的親和度預期為 50，表現出 +100，也只有 +50 的感覺，這就是落差感的強化效果。

創造預期與結果之間的落差感，對於建立人際關係很有幫助。

金融市場也有預期，例如預期油價大量減產，但只有少量減產，會導致油價下跌；產油國家分成 OPEC 組織與非 OPEC 組織，俄羅斯並沒有加入 OPEC 組織，也就是所謂的非 OPEC 組織。這些國家各懷鬼胎，一直希望你減產，我不要減產；如此一來，價格不變，我可以賺更多。俄羅斯當然不是聖人，也有私慾，向來與 OPEC 組織成員國互相猜忌，但在 2017 年居然願意與 OPEC 組織合作，共同減產石油，也跌破不少人的眼鏡，讓油價得以上揚。

◎親和力與其他特質的結合◎

曾經被富比士雜誌評選為「30 位 30 歲以下創業家」的班 · 帕爾（Ben Parr），在其著作《引誘科學》中提到，富有魅力的人士往往具備三種特質，第一是臨在感、第二是親和力、第三是影響力[1]。

我認為單純具備親和力並無法成為一位富有魅力的人士，而是應該具有一定的權威作為前提，例如警政署副署長是一個聽起來很有威嚴的職位，但某一次赴英國參訪，與時任警政署副署長的蔡俊章同行，沒有任何架子，因喜好國畫，專長畫蝦，人稱「國畫畫蝦大師」，隨手在紙張上畫出栩栩如生的蝦子當作贈品，展現高度親和力。

各國總統任滿下台、回歸平民身分前，通常都會拍攝一些輕鬆的卸任短片，用以對照平時在媒體前嚴肅闡述公共議題時的形象，產生極大的落差感。舉個例子，前總統馬英九的卸任影片自嘲無極限，像是民眾詢問「你是馬腦水母嗎？」馬英九先生則在影片中回應「寶寶不是馬腦水母。」[2]

美國前總統歐巴馬也在卸任前拍了段短劇，幽默帶出卸任的生活，影片中打電話到華盛頓巫師隊應徵教練，自稱擔任過女兒球隊的教練，充分展現親和力。又像是知名影星基努 · 李維不搭高級房車，而是搭乘地鐵，使其形象分數爆表，但也讓人懷疑是否經濟上有了困境，為此他還必須出面闢謠說明：我只是邋遢了點，生活絕不悽慘！

如果馬英九與歐巴馬不是卸任總統，如果基努 · 李維不是知名影星，那麼這些卸任前所拍攝的影片，或是搭地鐵所展現的親和力就不太可能受到太大的關注；換言之，有影響力的公衆人物，更應該適時地展現親和力，讓民衆確實瞭解他們並不是神，也和一般人一樣，這樣將會增加不少的魅力。

建議：

1. 智育不代表什麼，人生還有很多層面值得追求。
2. 發揮影響力的同時，也請加上一點親和力。

註1 班 · 帕爾，《引誘科學》，第205頁。
註2 馬英九拍卸任影片自嘲無極限羞喊「寶寶不是馬腦水母」，https://youtu.be/SJIoZuF5jjs。

Chapter

2

核心價值

選擇成為
一家自己熱愛的企業

◎青商會的女秘書◎

我曾經參加過青商會一段時間，當初以為青商會是一群青年成功商人組成的協會，加入之後才發現青商的「商」是商議的意思，很注重會議流程的學習。所以，加入之後發現大家都不如預期般富裕，但大家都還願意繳交 1 年大約 2 萬元的會費。

這幾年來，包括青商會在內的傳統的四大商社，都有稍稍式微的現象，早期擁有各行各業的會員，現在幾乎都是業務員的場合；加上 40 歲就不能繼續參與社團的營運管理，只能擔任類似退休的榮譽社員，可是新近社員又日益不足，找不到社員的情況下，就愈來愈難維持社團運作了。

最後，為了延續社團的香火，只好在剩餘的社員中找一位還算優秀的當會長。只是這個會長也不好當，1 年下來花個 2、30 萬應該是跑不掉，這年頭年輕人出社會都很難生存下去了，更遑論要拿出大筆錢來支持社團的營運。

當時尚能找到一些人願意當會長，因為不但可以擴展廣闊的人脈關係，全省到處跑，又可以代表社團出國，可以算是用錢砸出來的成長機會。不過既然社員少、社費就少，會長要在有限荷包中支付不足的社團營運費用，於是很多分會就共同聘請秘書，每個分會每個月只要分擔約 3,000 至 5,000 元，比起單獨聘請一位必須負擔 2、3 萬的成本，1 年大概至少可以省個 20 來萬。

此一共同聘請的秘書通常是女性，工作很辛苦，同時有很多老闆，唯一的好處是工作性質與內容差不多，有些還在青商會任職多年，這些秘書工作是兼任的，賺取一些微薄的薪資，對於困頓的生活不無小補。

這一類女秘書工作的特徵值如下：

- 時間長
- 獲利低
- 工作內容重複
- 有工作門檻但並非難以取代

上述四個特徵值，如果轉換成公司型態，是否感覺像是台灣常見的「代工產業」。當公司營收慢慢成長，雖然代工的利潤賺得少，但只要營業額夠大，就能夠賺得多，像是鴻海（2317）一年營收四兆多，營業利益雖然才 4%，但就有 1,749 億元，靠著薄利多銷的方式倒也還能過得下去。

只是隨著企業的逐步成長，慢慢地會有許多隱形的成本拖著企業成長，如同衣櫥中堆滿了一堆沒用的衣服，認真清理可以少掉一半，如果再認真一點，又少掉一半。不必要的流程、利潤、不必要的人謀不臧，久而久之，如同老魔術師一樣，腦袋會變得遲鈍，手的靈活度不再，慢慢變不出新把戲，更年輕、沒有各種包袱的新創公司，就會以更低的成本、更高的效率，逐漸取代老代工業者。

女秘書的工作就是如此，沒有什麼趣味、重複的行政工作，服務每一個客戶都只能賺一點點利潤，很難培養出什麼熱情，就是一種賺錢的管道；而又要面對多重老闆，每天搞得焦頭爛額，生活沒啥品質，這並不是我所想要的生活。

◎多銷，還要厚利◎

常常看到許多「跳樓大拍賣」的廣告，是店家用超低的價格來吸引撿便宜客人的手段，像是 39 元的大創，以及 H&M 等平價服飾等。

只是真的要低價才能夠生存嗎？
厚利又多銷難道不可能發生嗎？

實際上是有的，譬如說小學時常流行一些小玩具，例如過去的電子雞或最近流行的指尖陀螺，種類繁多，但許多小朋友都希望自己的是「正版」，而什麼是正版？除了號稱轉得比較快之外，還有什麼優點呢？

問問有在玩的小朋友，同時找時間上網查了查正版盜版的差異，應該是指原創開發的公司生產的是正版，一但賣開了產品馬上被抄襲，而抄襲別人的就是盜版。暫時先撇開正版盜版的法律爭議，在各種網路資訊不斷大力放送盜版的轉不久、沒有療癒功能，也確實讓諸多玩家都以手上有一個正版指尖陀螺為榮。

換言之，當大家還搞不清楚一個產品的本質前，大量放送相關行銷資訊，產生洗腦的效果，就會願意掏大錢出來買。然而要怎麼產生洗腦的效果，必須要有完整的數據統計為依據，加上專業人士的形象加持，才有可能讓產品厚利多銷[1]。

只是數據必須是可靠的，不能欺騙顧客。好的東西當然要高聲吆喝叫賣，如果不努力行銷，顧客可能買到不好的產品，所以努力行銷自己的好產品，正是避免奸商騙人的好方法[2]。

指尖陀螺的風潮崛起的期間，即使盜版眾多，但是正版依舊受到眾小朋友玩家的追捧，其成功的關鍵因素就在於正版與盜版的品質差異，已經深植消費者的心中。

如同星巴克（StarBucks）咖啡的品牌，一進去就會有一種喝咖啡是享受的感覺，待多久都沒有人趕你，很多商務人士也拿著 Apple 電腦打字辦公，整個層次味道，都伴隨著咖啡香而高檔起來；品嚐著一樣的咖啡，如果店面招牌換成別的品牌，還會想要進去喝嗎？還能感受到一樣高質感的感受嗎？

多銷、厚利，有時候是一種累積的感覺。

◎找出自己熱愛的公司◎

一直有一個夢想，希望蒐集一些法律學、經濟學等經典書籍，找一個空間收藏這些書，如果面積夠大，還可以騰出一些空間，學習日本最美麗的蔦屋書店，開一家小小的圖書館。

現在台北也有蔦屋書店；愛書人可以拿著想看的書，坐在超有質感的皮椅上，放一杯拿鐵咖啡在實木桌上，看著最上層的白色奶泡，底下一小段參雜些許奶色的黑咖啡，落地窗灑入一絲陽光，翻閱著精心設計的書，這就是最完美的午后。

若是自己想要經營的圖書館，也能在角落放上適宜的咖啡座椅，還要挑選很有古味的搖椅，往後仰時能輕靠上牆壁，已經有一些時間歷練的牆壁，被椅子輕敲出歲月的痕跡。愛書人，超喜歡這種感覺。對於各地前來朝聖的愛書人，這家圖書館可以成為旅遊經典中的一篇故事；捨不得走的朋友，還可以上二樓盥洗，花個 300 元住上一晚；隔天一早，還可以在一張超長的桌子上，與各國朋友享受黑咖啡、吐司麵包，一種愛書人專屬的簡單早餐。

如果問我希望成為什麼公司？誠品生活（2926）應該是第一選擇。

①資本額不大：4.74 億元，小而美，股東數不會太多也不會太雜。

②營業利益：10.6%，比鴻海 4% 還要高，至少不是個位數。

沒有文化，誠品不想活；但沒有商業，誠品也不能活[3]。在文化與商業的取捨平衡下，如何存活下來而能成為台灣文化產業驕傲。

對自己喜歡的企業，如果趁低檔買個幾張，把自己的人生哲學，參考企業的營運方式來經營；如果運氣好這家企業真的是一家足堪為表率的公司，那自己的人生也就有學習的對象，能逐步成長，而且是跟著自己熱愛的企業成長；反之，如果表現不好，也可以當作自己的借鏡，並且時時思考，如果自己是 CEO，該如何改變這家公司呢？

比如自己在思考成立圖書館的時候，該如何損益兩平，也是採取類似於誠品「複合式經營」的概念，透過銷售咖啡的收入來打平成本費用；夢想必須要有商業活動支持，才能可長可久。

◎澎湖可以開一間誠品書店嗎？◎

最近因為要舉辦文化流動之旅——前往講座活動較缺乏的縣市，舉辦公益講座，讓知識流動成為改變貧富不均的基礎。2015、2016 年分別前往花蓮市與屏東市舉辦，當地有政大書城與五南文化廣場，只要有書店就不擔心冷場，成效算是令人滿意。

只是出了這兩個縣市，其他偏鄉就有點難以舉辦。自己一直想要到澎湖舉辦，一來可以進行原本想要做的知識流動工作，另一方面還可以到外島享受不一樣的度假旅遊，稍微放鬆一下，嘗試看看工作兼休閒，一兼二顧，摸蜊仔兼洗褲的樂趣。

澎湖馬公市僅 6 萬人口，相較於花蓮市 10 萬人口，以及屏東市的 20 萬人口，難以撐起一間像樣的書店。如果我是誠品負責人，會願意到澎湖開一間書店嗎？

澎湖是以夏季旅遊為主，除了當地居民外，遊客當然是很重要的客源。可以先在夏季時光，租用場地進行複合式經營，餐飲、小型書展、多元性講座的短期書展模式，讓遊客在玩水之後，還可以來一趟知性之旅，當地民衆也可以參與其中。

換言之，當我以誠品為師，許多思考的出發點就會變成以企業的角度出發，例如長期經營書店、短期書展，哪一種方式經營風險較低，可以達到即使不賺錢但仍能打平的結果；如果真的不賺錢，舉辦這類型的活動對於企業形象有無加分的效果？

有了模擬學習的對象，才能從學習中改變自己。

建議：

1. 重複性、欠缺創意，賺取低毛利的工作，如果隨著自己能力的逐漸成長，也應該要降低付出時間的比例。

註 1 羅秉新，《猶太人智慧書》，第 118 頁。
註 2 韓冰，《破譯塔木德》，第 201 頁。
註 3 關於吳清友和誠品，你們未必知道的那些事，https://read01.com/5MM5GQ2.html。

慢賺

◎都是演化惹的禍◎

快賺，殺盡天下人，錢財盡入俺口袋；
慢賺，與天地共處，只取應得之財，餘者不取，或與衆人分享。

《圖解理財幼幼班：慢賺的修練》並沒有太清楚闡明什麼是「慢賺」，只告訴大家要經過長時間的修練。修練，是要控制人性演化的缺失，但與其說是缺失，不如說是在有限資源內，演化發展出來的最佳機制。

以前要躲避毒蛇猛獸，對於這種攻擊反應要很直接，如果只有理性思考，也就是康納曼（Daniel Kahneman）「快思慢想」中的慢想，那可能只能淪落在獅子嘴巴裡想；因此，快思也可以說是潛意識，就有其存在的價值。

有價值、也有缺點，使得人們在現代社會很可能遭遇很大的風險，例如相信專家這件事情會讓大腦停機不思考。如果有人把自己塑造成大善人，長得慈眉善目，又有名校的光環，本來一聽 18%就知道是吸金，結果可能因為相信「專家」的說詞，會認為 18%的投資是千載難逢的機會！

這些都是大腦容量太小，為了降低能量消耗，因此採行「外包」策略的缺點。相信專家，就是外包的一種表現方式；有了專家，大腦就可以不思考；不思考就可以節省能量的消耗。因此我們要先懂得大腦有哪些缺失，並且知道這些缺失會做出哪些錯誤的判斷；如此一來，才能在特定情境發生時，避開潛意識的行為。舉例來說，像是大漲 3 天，散戶不請自來，理智上完全忘記不要追高殺低這件事情，如同下圖一樣，當股價開始噴出後，散戶很容易開始搶進，圖中上漲的最末段框框，就是所謂的「散戶框」，追到最高點，跌下來馬上接刀。總之，如果知道人類有先天的缺點，當大家氣氛過熱的時候，你會停手下單，出國好好玩一趟，避免自己犯了人類一定會犯的錯誤。

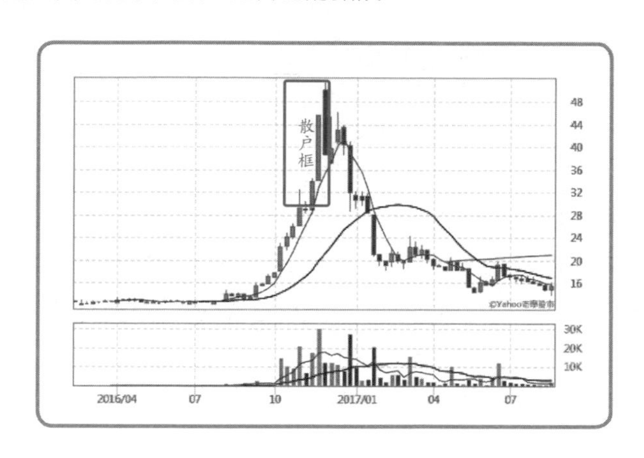

◎如果只是為了行銷……◎

通常只要搞懂人類大腦中理性與感性的運作，就會理解該如何行銷才可以賣更多。飲料現打會有沉澱現象，顏色分層的結果，視覺效果很差；若以濃縮果汁還原，只要口感濃稠就感覺是現榨的，而且色澤非常平均。

好的東西若是沒有行銷，就很難有爆量的營業額，但是爛的東西只要行銷得好，套句行銷人常說的話「沒有賣不出去的產品，只有賣不出去的價格」。反觀圖解理財幼幼班的副標題「慢賺的修練」，又是慢賺、又是修練，一堆不會刺激消費者大腦潛意識的廣告台詞，註定了就算是好書，也只能維持基本銷售量。出版上市後的 1 年 9 個月才第 2 刷，首刷 2,000 本終於算是銷售完畢。

不是會不會行銷，而是你想要選擇成為怎樣的人？

如果轉換一下，當我改個書名，再加上一些標題，像是「大勝18%」、「財富翻倍」、「大賺 300%」、「年薪千萬」、「輕鬆」、「穩賺不賠」、「不敗」等等，立刻可以吸引到非理性投資人的目光，但相信看了之後還是一樣，能夠達到書中聳動標題的比例極低，反而培養出好高騖遠，永遠無法滿足現況的個性。

猶太人是非常會賺錢的民族，有近三成的諾貝爾獎得主是猶太人，他們不但非常聰明，更是會賺錢，華爾街裡的猶太人多到會讓人嚇死，臉書的馬克 · 祖克柏、微軟公司比爾 · 蓋茲、蘋果公司賈伯斯，FED主席柏南克、葉倫都是猶太人。他們比較不重視短期利潤，也不會採行一些只求短期利潤的行銷口號，而是把賺錢的技巧轉成傳世的法寶，致富經典「塔木德」即為著名的例子。

我們應該不要追求刺激消費慾望的短期行銷行為，反而應該以「永續經營」的角度，建立永續收入為目標，如同猶太人的「塔木德」經典一樣，將這些好的投資理財經驗傳承予後世，而不是把消費者不需要的產品賣給消費者。

◎你要經營快賺的企業嗎？◎

很多公司本業根本沒賺錢，或者是賺得很可憐，但是股價卻一飛衝天。身為企業經理人的你，想要成為這一種企業嗎？

這一種企業未必都不好，譬如生技產業就是最好的例子。

浩鼎（4174）打著乳癌新藥商機，一家根本還沒賺錢只有夢想的公司，在等待新藥實驗結果解盲前，股民一路追捧，股

價最高在 2015 年 12 月 18 日來到 755 元；2016 年 2 月 21 日（週日）當解盲結果宣布「未呈現統計學上顯著意義」後，簡單來說就是不如預期，更白話來講就是解盲失敗，短線就立刻崩跌，不過才五個交易日，也就是 2 月 26 日時，股價業已跌到 405.5 元，高低差約 350 元；更在 4 月 25 日，股價繼續跌到 321 元。（如下圖）

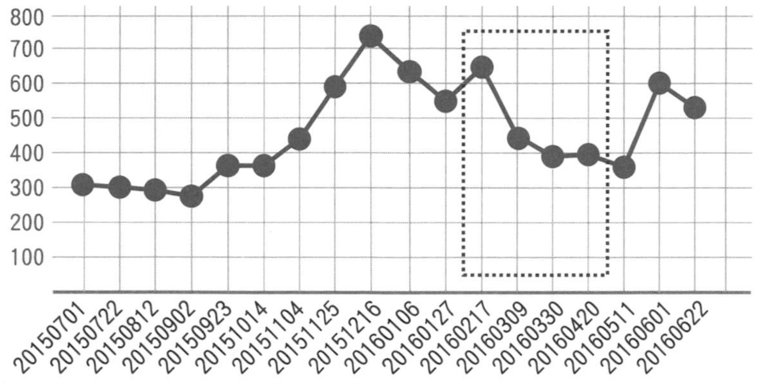

人也是要吃飯的，不能一直做夢，許多生技產業用夢想維持股價，快速賺到了股票的價差，也快速夢想破滅，一切的數字都成為幻影。

因此，持續有現金流進帳是一件很重要的事情，人固然最好要有夢想，對有熱情的事務切入會更有力道；但理想有時候很難盡如人意，有時候必須先想辦法填飽肚子，才有餘力追求夢想。

追求自己不斷地成長，如同台積電一樣，不要對維持現況而滿足，而是希望每年投入大量的資本支出，才能穩定成長，且是真正有賺錢的成長；行有餘力，可以開發一些造福人群的新藥，或是致力於綠能發電，甚至可以像馬斯克（Elon Musk），創辦私人太空發射公司 SpaceX，以及研發電動車的特斯拉汽車，靠著創造充滿夢想的科技產品，進而讓這些商品改變全世界。如果馬斯克是窮光蛋，有可能創造自己的夢想企業嗎？

獲利要不斷成長，開發有利基的產品是一招，如果產品處於「紅海市場」，競爭非常激烈，只能靠降低成本費用這一招；市場如果夠冷門，賺錢行事夠低調，自然沒有人會跟自己搶生意；若是無法不斷成長，退而求其次選擇穩定獲利也可行，只要不是愈賺愈少、甚至賠錢，有獲利都是一件好事情。

建議

1. 知道自己的大腦是「散戶」性格，當有快速賺錢的機會，要特別小心別讓這個機會沖昏了自己的理性思維。
2. 傳承短期行銷手段的技巧，遠不如長期穩定獲利的知識。
3. 先有獲利，才能作為夢想的支撐；純粹本夢比的股票，當股價一飛沖天的時候，要特別小心崩跌的風險。

窮，可以學到很多

◎車庫傳奇，成功就在轉角處◎

知名蘋果公司的創辦人賈伯斯（Steve Jobs），21 歲時大學輟學，後來與友人沃茲尼克（Stephen Wozniak）在車庫創辦了蘋果公司；1944 年，傑夫 · 貝佐斯（Jeff Bezos）也是在車庫創辦了亞馬遜公司，1995 年 7 月才賣出第一本書，歷經 2000 年的網路泡沫依舊屹立不搖，經過多年內部革新，現在已經是全球最大的線上零售商。

Google 創辦人佩吉（Larry Page）和布林（Sergey Brin），一開始也是向 Youtube 執行長沃奇斯基（Susan Wojcicki）租用車庫起家，創業之初擔心學業發展而想將公司賣給入口網站 Excite，但遭拒絕，也因此能持續發展成為現在全球矚目的重要公司。

繼承上一代的財富，帶來了貧富不均的副作用，即使是教育，也難脫貧富不均的襲擊；但是科技的發展，成功不再是有錢人所獨享，只要具備專業知識、創業勇氣以及新穎的創意，即便辦公室在車庫，一樣可以擁有成功的機會。

常有一些好友跟我訴苦，說最近景氣非常糟糕，工作不好找、薪資又很少，上有高堂老母、下有兒女嗷嗷待哺，日子過得很辛苦，甚至有些看到同事被炒魷魚，很擔心自己會成為下一位苦主；想要自己投資創業，但又怕吃苦，認為身上沒幾個子，要如何才能創業呢？

景氣是循環的，過去我國的經濟總是不斷向上，但如果經濟核心的人口結構發生改變，則後果恐怕是整體經濟趨勢難以向上成長，更可能像日本一樣飽受長期通縮之苦。今日的不景氣，可能還談不上不景氣，只是開胃小菜罷了；未來可能許多人都要面臨失業，此時創業也許是一種選擇，只是創業的資金與風險，往往讓人裹足不前。

無論如何，當自己不順利的時候，思考一下國際間的頂尖人士，許多也是從艱困的車庫中起家，小小的科技可以讓自己突破資金門檻，車庫中即使開了冷氣，還是很像烤箱；試驗產品堆滿了狹窄空間，底部發黑的透明手沖咖啡壺、乾枯的咖啡杯底，代表著主人歷經貧窮的資歷，可以磨練自己的心境，如同手上的繭一樣，多次的琢磨將是自己最佳的保護。

◎外公的黃外套◎

來說一段我自己的故事吧！

以前唸師專的時候，公費生不僅不需要繳學費，每個月還可以領2千多元的生活費。當時正值台灣經濟起飛期，只要稍微有能力的，都可以找到很好的工作，家長不希望自己子女去當兵或唸師專，都希望自己的小孩子唸高中、大學，然後出國留學，會唸師專的學生，通常都是家裡真的很窮，才會去當公費生；還記得當時錄取 25 人，一般人對於備取的印象就是備 2、備 3 應該還有機會錄取，我備到第 22 還能上，可以想見當時師專是多麼沒人想就讀。

反正，當時過著真的很清苦的人生。小時候所穿的衣服，幾乎都是親戚轉了好幾手的舊衣服，有一次老媽拿了一件紅褲子給我，還記得當時非常排斥，小男生當然不喜歡穿紅色，穿出去讓人笑會很受傷，但不得已還是穿了出去，只能想著更早的年代用麵粉袋做的褲子來安慰自己了。

記得，即使窮，也不要讓小男生穿紅色褲子。

在這麼多件衣服中，印象最深刻的是早早過世的外公撿來的黃色外套。還記得小時候幾乎沒有新衣服穿，家裡的親人又都是在社會的最底層工作，小孩子哪有不想要穿新衣服的，最疼我的外公看在眼裡，摸著口袋、湊不出買新衣服的錢，總是不知道該如何是好。

有一天，外公回家後很高興地看著我，說著：「來來，世傑，你穿穿看這件是否合身？」其實不太合身，有點大，也沒有新衣服的味道，雖然乾乾淨淨，但仍不免有看到一些污漬。

雖然知道是外公從垃圾堆裡撿起來的衣服，對於窮人來說，「學習滿足、珍惜一切」是性格中必然的化學產出物，因為那可是外公挑選出最乾淨、最完整的一件衣服；相較於外公身上更破的衣服而言，這是外公對於外孫的愛心。

現在外公也辭世了，而那件外套也大概穿在身上十年之久，雖然現在口袋有些積蓄，不再穿這件黃外套，但每次看到照片中的黃外套，就會想起外公在垃圾堆中翻找衣服的身影。

現在回想起來，窮困未必是一件壞事情，因為即使無法穿新衣服，但身上的舊衣服是流著汗水在垃圾堆中翻找出來，相較於隨手拿出千元大鈔就可以換來的新衣服，反而能讓自己與家人的感情更貼近。直到現在，我心中總是有一塊田地是留給外公。

◎人生可以很簡單◎

講完了外公的黃外套，還要提一下我那最經典的老爸，窮人沒啥朋友，更糟糕的是從外表一看就知道很窮，參加喜宴都只站在門口，並不是沒有包禮金，但人就是不進去。當兒子的當然瞭解其中的緣由……因為他穿的衣服都是補了好幾次，與「體面」這兩個字差很遠，而且通常是下班趕過去，衣服因為工作很髒，所以他通常摸摸鼻子就不進去了。

有時候會陪在他身邊，看著他找人聊天，聊了幾句就走了，我也跟著離開，當然心裡難免會覺得很遺憾，為何不是出生在有錢人家裡。這一個體驗告訴我，如果自己身為主人，看到衣服髒髒的客人，還是要熱情招呼。

◎飯店的小費◎

每當要前往路途較遠的地區演講時，我基本上都會提前一天入住當地飯店，讓體力維持在最佳狀況；隔天離開飯店房間時，會在桌上放些小費。台灣並沒有一定要付小費的習慣，所以國人在國外旅遊時會放小費，但是回到國內住宿時，大多數人都不會放小費。

每次離開飯店，腦中都會浮現一個畫面，等下來打掃的老婦人看到這筆小費應該會很開心；因為老媽以前曾經在飯店擔任清掃婦，如果當天收到小費，回家後心情就會比較開心，辛苦一天回到家會透露很期待拿到小費的心情。或許是因為這個成長背景，對於只要是認真負責的飯店服務人員，都會留下一些小費。

很多人覺得我是一個很有親和力的人，即使看到打掃的阿伯，全身髒髒的，還是會問候打招呼。除了前述家庭背景的原因之外，我自己也在學生時代做過清潔工、派發海報人員。辛苦工作的人，通常心思會比較簡單、善良，每天就是完成辛苦的工作，滿足地收下微薄的薪資。

如果各位有機會，就去體會一下底層工作，學習簡單與善良的心。

◎貧窮的歷練是你最大的資產◎

我也曾經寫過許多國家考試書籍，帶領許多國家考試的考生走過人生最淒苦的低潮。許多準備國家考試的朋友，準備考試考到口袋空空，家人親友投以異樣的眼光、酸言酸語，面對著即將到來的考試，這是短期內翻身的最大機會，只是成功的錄取率不到3%；貧窮的苦一直烙印在自己的身上，我都會勸考生要把這些感覺轉換成向上爬的動力。窮沒有什麼，熬了就過去了。

無論結果如何，這一段的歷練是你最大的資產。

建議：

1. 未來可能是不景氣的社會，隨時要有自己找出生存之路的創業準備。
2. 隨時都要有危機感，思考自己發生危機時的「安全門」。
3. 成功就在轉角之處，轉個彎，自己的專業市場一定能有亮眼的舞台。
4. 不要怕貧窮，貧窮才能「學習滿足、珍惜一切」。
5. 如果自己身為主人，看到衣服髒髒的客人，還是要熱情招呼。
6. 貧窮會讓自己心更軟，更願意設身處地替人著想。

減少資訊落差

◎每天看 500 份報紙◎

大前研一認為每天都要吸收新的知識，以他自己為例，一天要花很多時間閱讀新聞，以量來說，至少要 500 篇[1]。

乍看之下，實在讓人很驚訝，雖然自己的閱讀量很高，但實在沒辦法達到大前研一的量，也難怪他總是能發表一些關鍵趨勢。

其著作中有提到閱讀這麼大量的新聞報導，重點不在於量，而是與自己腦中既有的地圖相比較，找出其中的「異常點」。有些異常點很容易發現，例如英國舉辦脫歐公投，結果真的脫歐成功，這個異常點非常容易發現，因為資訊公開明確。

有些異常點不容易發現，例如有一家面板廠，每一季都虧損，突然有一季開始獲利，原因找了半天，才知道折舊費用減輕不少[2]。要瞭解折舊的變化，就必須對財報進行深入解讀，但因為股票太多，必須透過各路消息，才能嗅到市場的潛在變化。

我個人每天都會看數據，例如某一個股票市場、匯率、原物料等投資標的，單日發生暴漲、暴跌現象，且幅度大於等於 2%，就要瞭解一下原因。像是英國 2016 年 6 月 23 日脫歐公投時，脫歐派以 52% 對 48% 贏得了這場投票，結果英鎊立刻暴跌；23 日英鎊兌換美元尚有 1.4879，隔 (24) 日，跌到 1.368，大跌約 8%。

大跌了 8% 當然要看一下，不過英國脫歐公投是世人皆知的事情，

到底公投結果誰勝誰負很難有所論斷，必須要精準判斷才能在 23 日切入放空，否則如果脫歐不成，可能賠更多；但有一件事情卻很清楚，就是必須到 2017 年 3 月 29 日才能夠啓動脫歐程序，因此英鎊是否已經到了最低點還是生死未卜，唯一可以知道的一件事情是，現在買一定比 5 年前價格還好（2016 年 10 月 7 號英鎊閃崩至 1.18 美元）。

透過大量閱讀新聞、觀察相關指標與數據，來比對自己的經驗找出異常點，尋求背後發生的原因與未來的發展趨勢，以自己能力判斷，然後找出勝率比較高的項目進行投資，也就是「理財幼幼班 3」討論的「災難投資法」。

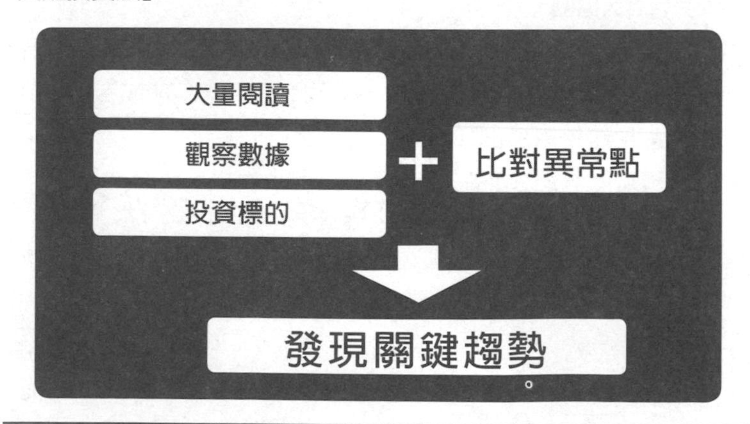

◎衆人皆醉我獨醒◎

一位看了千間以上房子的人，卻只買了一間房子，你相信嗎？

2003 至 2014 年，歷經 10 餘年的大多頭，如果多買幾間，早就賺飽飽了，但我還是沒有多買，並不是因為自認清高不愛錢，而是因為我覺得大部分房子都蓋得不是很好，而且有許多不肖建商利用民衆對於法令的不瞭解，來進行幾乎是詐騙的行為。因為不願意容忍建商的各種惡意行銷術，也買不下手。

消費者對建商的行銷話術大多會信以為真，像是將開放空間違法二次施工成社區的大廳、健身房，最後被檢舉而淪落被拆除的命運；2013 年 6 月 20 日，新板特區遭拆除的元大豪宅，可憐住戶只能住在被拆除外牆的社區中；而原本以為專屬於社區住戶的健身房、圖書館，經政府拆除後，突然依法規必須開放給附近的居民使用，住戶臉上的無奈，相對於滿口袋鈔票的建商，實在是讓人非常生氣。

只是看得懂法規與相關規定的人並不多，大多數買家是基於信賴代銷人員，於是決定買下房子；也有一部分消費者是自認為看不懂，看了也沒用，乾脆不要看，於是也買了下去；如果能讓更多人看得懂，減少資訊落差，這種不公不義的事情將會愈來愈少，小小消費者也能結合力量共同面對龐大財團。

不過，這一條路還是很艱辛，像是最近許多購屋者學聰明了，交屋的時候會請專家點交驗收，很輕易就找到建商偷工減料的地方；平常習慣只重外觀、忽視細節的建商，碰到購屋者團結起來的狀況，此時也不知道該如何面對，只好擺爛了，像是浮洲合宜住宅、八堵無法點交的台北大鎮，都是著名案例。

建商賺取合理的利潤，民

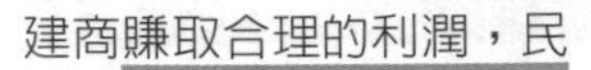

眾住在安心的房子裡，這才是幸福台灣；很不幸的是，建商並不想只賺合理的利潤，所以學會看房子，減少與建商、代銷的資訊落差，才能產生制衡的效果。

順帶一提，關於房市還有一件事情很重要。人是具有「羊群效應」的動物，當第一隻羊跳下懸崖時，後面的羊也會傻傻跟著跳下去。買房子也是一樣，有些人假藉投資之名，招募免費看屋團，或者是框人集資購屋。投資者看到人多，就少了警覺心，成為商人壓榨的肥羊。

◎英文的學習◎

我第一次去日本是跟著青商會參加日本姐妹會的 50 週年慶。結束後入住新宿的飯店，去過新宿的讀者，可能在複雜的新宿地鐵迷路過，要移往正確的出口，往往難以知道方向，問路變成不得不的方法。

只要比一比地圖，通常就有人會很熱情地指引方向，甚至還會帶領前往該地點，最後彎腰跟你道再會，這是讓人很愉悅的體驗。

可是若用英文詢問，可就有不一樣的際遇，遇到不會英文的老人，還會在胸前比個大叉叉的手勢，因為與之前熱情帶領的感覺有很大落差，看到這種回應，心裡頭還真是不舒服。其實這是有原因的，日本人的英文不好，所以不喜歡用英文溝通，尤其是老一輩的日本人。

年輕一輩的就比較沒有這種狀況。曾經在清水寺看到一對新婚夫婦在拍婚紗，日本的新娘服非常漂亮，白色的傳統禮服、極具特色的圓形頭罩，以及婚紗妝都畫得白白的，整體來說很美觀，但日本人不喜歡被打擾，貿然拍照是很不禮貌的事情，這時候看新郎在旁邊有點無聊的樣子，於是走上前去跟他 Congratulations（恭喜）；沒想到這位日本老哥也會幾句英文，於是我們就很開心地聊了起來，10 分鐘後，能說的英文也差不多說完了，於是冒昧地表示沒跟日本新郎新娘拍照過，是否可以合照一下呢？

這位日本老哥一口答應，我就在眾多遊客的注目下與日本新郎官拍照，然後彎腰鞠躬祝福他們新婚愉快。旁邊各國遊客很不禮貌地紛紛跑來要求合照，但這種未經允許的打擾，在日本是很不禮貌的行為，至少要花點時間建立友誼之後再要求，才符合基本的禮儀。

在大前研一的書中，常鼓勵大家學習英文，或許是對日本英文學習未能與世界接軌的感嘆。他強調要成為國際企業，英語是不得不學習的項目，如此才能夠順暢地表達自己的想法。

我國也有一樣的問題，雖然不至於像日本那麼慘烈，但平均水平還是不夠；就算不是要成為國際企業的領導者，平時投資理財、吸取新知的時候，英文還是最主要的語言，如果僅限於中文資訊，能獲取到的資訊也就少了許多。我學習英文的主要時期，網路資訊還沒有像現在這麼發達，茲將提升「閱讀」能力的經驗分享如下：

①五專階段：拼老命背單字，背到 22,000 字。記得當時研讀的書名就是強調 22,000 字，但一直背單字，沒有應用，也沒有記憶法，結果就是快速忘光光；不過苦讀硬背，倒也不是完全沒有用。

②插班考大學階段：那時候在補習班碰到一位厲害的英文老師，突然把我之前學的英文單字都串起來。他的方法就是字首字根，之前感覺都忘記的英文單字，透過字首字根突然間就串了起來；但如果你累積的單字量不夠，這個方法也沒太大的用處。

③電視學習：過去資源沒有那麼多，只有電視 CNN 有提供字幕，只是會有時間差，主播講話過 3 秒才會出現字幕，當時聽力也很差，所以就直接看字幕練反應，閱讀能力提升不少。

④研究所：每週大概有上百頁的法學英文文章要閱讀，還要看非常大量、專業的網路法律英文，看完之後還要整理、寫評論；久而久之，英翻中或中翻英時就比較不會有倒裝句的問題，練成看完一段英文，就可以用中文順暢地描述出來的能力。

我個人時常在直播看外國新聞，例如北韓鬧事的時候，到底會不會與其他國家發生戰爭，國際新聞就要看一下，CNN、BBC 都是很常瀏覽的國際媒體；我的英文發音也不太好，念得卡卡的給大家聽，讓許多英文不好的朋友也有了信心。慢慢來，只要願意努力，一定能透過英文看清這個世界。

綜上，現在英文學習的網路資源更多，可以更有效率地達到有效學習的目的；雖然未來可能不需要學英文，也許能直接使用翻譯機，馬上就知道對方的意思，但在此一科技尚未成熟之前，英文的學習還是很有必要，可以幫助自己吸收各種財經知識、最新研究論文等，讓你跟得上世界的腳步。

建議：

1. 不要傻傻地當領頭羊的跟屁蟲，努力學會看清周遭事物，才能眾人皆醉我獨醒。
2. 郭台銘先生赴美投資，在白宮召開記者會侃侃而談，對於一個國際企業的領導者，英文是一個基本的能力。
3. 想要瞭解國際資訊，不要不知道如何學習而裹足不前，只要一步一步前進，必定能看得懂世界豐富的資源、掌握趨勢，投資賺大錢。
4. 自己閱讀國際新聞有困難，請來看我的臉書直播，有時候會看到國際新聞的分析喔！（http://www.facebook.com/mjib007）

註1 大前研一，《大前研一的「新 · 商業模式」的思考》，第19-20頁。
註2 折舊快攤完，台面板廠優勢，http://news.ltn.com.tw/news/business/paper/875939。

Chapter

3

財務力與數據管理力

設定財務目標

◎薪資目標：超越薪資前 10%之門檻◎

●每月薪資 79,421 元以上

成為人中之龍，是大部分人的夢想。幻想自己坐在白宮總統辦公室中，臉上帶著川普那不懷好意的微笑，右手指著中情局局長的鼻子破口大罵；左手手指也不得閒，敲著指揮官專屬的金屬色系的鍵盤，按下最大顆的紅色按鈕，一枚洲際飛彈就往 ISIS 恐怖分子的營區飛去。

老媽一個巴掌，打醒了正在做白日夢的我。

是的，美國總統只有一位，隔個太平洋距離這麼遠的我們，做個白日夢就好，可別太認真；回歸現實，至少我們還有很多切入點能攀上人生的頂峰，像是「薪資」這件事情。

依據統計資料，若是薪資為 79,421 元以上，恭喜您，成為薪資水準前面的 10%，也就是 10 人中最會賺錢的那一位；如果沒有那麼大的雄心壯志，只想要成為前面 25%，亦即 4 人中最會賺錢的那一位，則必須要有 55,091 元以上的薪資[1]。

只是這樣子的薪資算高嗎？

●跨國比較，相對低薪

我常常到日本旅遊，日本東京街頭常見到許多拉麵店、燒肉店、居酒屋，還有許多店在次要巷道內，業者為了搶生意，會派員工到馬路上拉客。因為大陸、台灣遊客眾多，店家很多都喜歡聘請有中文語言背景的工讀生，月薪差不多 22 萬日幣，換算成新台幣也大概有 6 萬元，一

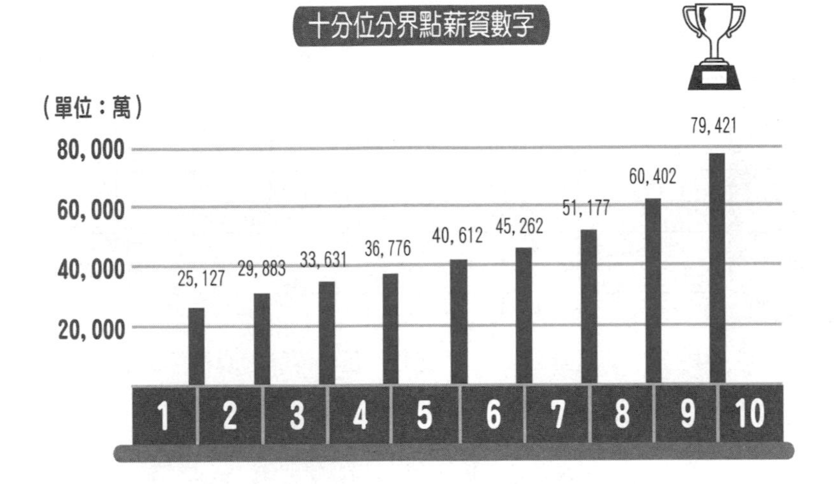

位日本工讀生的打工薪資遠遠打趴我國 80%的受薪階級。

不過，也不要難過，薪資高低還是要看是否好用，像是 OECD 會以家庭消費購買力平價（Purchasing Power Parity，簡稱 PPP）換算[2]；像是薪資中位數 40,612 元，在我國還算過得去，但如果是日本的消費生活水平，房屋租金超級高，出門一定要搭的地鐵，隨便起跳都是新台幣 50 元之譜，還要繳交各種稅，恐怕也是過得很辛苦；可是我國的租金大概只要三分之一，搭捷運 20 元起跳，而且還可以打 8 折，貧困者並不需要繳交稅，那麼日子就還過得去。

●不要當酸民

主計總處公布 2016 年每人每月總薪資平均為 48,790 元，創下 10 年調查來的新高[3]；2017 年 3 月 22 日又公布 1 月薪資 93,144 元，因為與人民感觸落差甚大，往往引發媒體、酸民的批判。我們要瞭解的是可不可以透過數據，有效地抓緊趨勢，順勢賺取應有的錢財，會比逆勢操作還要輕鬆許多。

讓我們看以下表格中的數據：

圖表　2009 至 2016 年十分位分界點薪資數字

	第一分界點	第二分界點	第三分界點	第四分界點	第五分界點	第六分界點	第七分界點	第八分界點	第九分界點
2009	20,854	24,674	28,469	32,283	36,156	40,082	46,021	54,267	68,666
2010	22,268	26,102	30,126	33,758	**37,756**	42,177	48,251	56,649	74,014
2011	22,535	26,601	31,139	34,848	**38,870**	43,506	49,304	58,395	74,722
2012	23,503	27,050	31,181	34,410	**38,632**	43,018	49,255	58,125	73,761
2013	23,803	27,589	31,796	34,941	**38,625**	43,386	49,035	58,028	75,013
2014	24,374	28,643	32,479	35,959	**40,007**	44,784	50,969	61,223	77,613
2015	24,777	29,505	33,470	**36,918**	**40,853**	**45,383**	**52,058**	**61,467**	79,358
2016	25,127	29,883	33,631	36,776	40,612	45,262	51,177	60,402	79,421

將其中的 2016 年與 2009 年相比較，各分界點的成長率如下：

圖表 2009 至 2016 年十分位分界點增長率

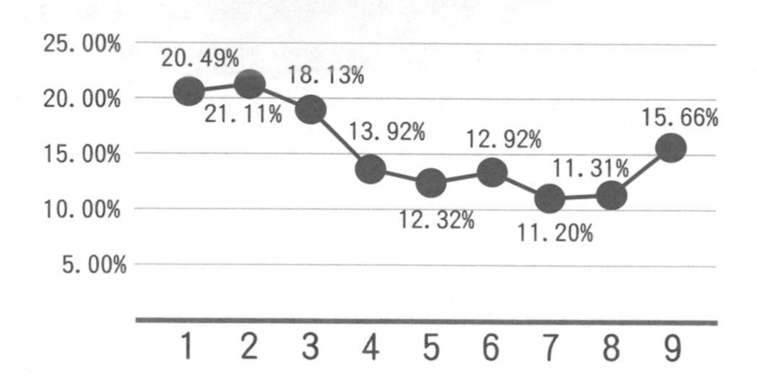

首先，我們會發現每一個分界點的成長率都在 10%以上，成長率最高的分列兩端，分別是靠左邊的第一、二、三分界點及第九分界點，都有 15%以上的高成長率；反之，第四、五、六、七、八分界點則成長率較低。

原因是什麼？讓我們再仔細看一下圖表 2 原始數據，發現 2015 至 2016 年間第四、五、六、七、八分界點呈現負成長率，不增反減，不再呈現 2009 至 2015 年一路上揚的趨勢。

有可能是因為這幾年國際經濟不景氣，連帶拖累以外銷為主要發展的經濟體，而評斷為短期負成長現象；另外，中間較低，也有可能是中產階級的沒落，如同大前研一所論述的「M 型社會」，對於中產階級消失危機所做的警示，並且顯現貧富不均的特徵。

數據，可以帶給我們思考的基礎
酸民，只能暫時撫慰你的內心

◎資產目標：三種等級的套餐◎

月收入與資產，是兩個不一樣的概念。

有一位田喬仔的兒子小毛，因為老爸擁有大批田產，價值高達數億元；田喬仔老爸因為疼兒子，也分了幾間房子讓兒子收租，價值高達 2,000 萬元。所以，小毛畢業不必找工作就可以坐領租金 5 萬元；只是小毛花費大，每個月開銷 7 萬元，還是常常跟老爸伸手要錢。

但是長久下來，老爸看小毛每天混吃等死也不是辦法，於是勸對方去工作，小毛萬般不願意，在半強迫下只好去工作，領 22K；很久沒寄人籬下的小毛，工作一點都不專心，常被老闆指著鼻子罵，當然非常不適應，有一天突然抓狂，從座位上跳起來對著老闆嗆聲說：不要臭屁，我回家什麼事情都不做，就可以月領 5 萬元。

阿爸的金山銀山就是資產的概念，看起來只要繼承順利，小毛也可以在扣除稅款後，繼承為數不少的金山銀山。

收入方面，一種是租金的被動式收入 5 萬元、一種是主動式的工作收入 2.2 萬元，扣除支出 7 萬元，盈餘則為 0.2 萬元，這些每個月的盈餘會直接累積到資產中；假設小毛愈花愈兇，或者是辭職不幹了，都會入不敷出，不是要向老爸借錢（增加負債），再不然就得變賣資產拿來花用，逐漸坐吃山空。

因此，賺了錢，不代表能留下來變成資產，可能都花掉了，甚至還不夠用，最好是能收入等於或大於支出，那資產不但不會減少，還會逐漸累積上去。簡單來說，每個月的收入代表你會不會賺錢的程度，可以用「損益表」來呈現；資產代表你家裡有沒有金山銀山，可以用「資產負債表」來呈現。

除了能每個月都有盈餘外，資產上最好還能有一定的數字，個人訂有三種套餐：

●基本餐：800 萬元。

60 歲可能活到 85 歲，之間 25 年的時間會有很多狀況發生，這筆錢最好留著不要用，頂多將 60%資金進行一些低風險的投資，報酬率設定為 6%，月收入可以有 2.4 萬元；投資所得如果入不敷出，最好出去兼差打工，應該每個月可以有 3.6 萬元花用，儘量不要動用到 600 萬的資產。至於出國旅遊，可能 2 年再出去一次，多了就別想了比較好，公園走走散步又健康。

●尊嚴餐：1,600 萬元

這筆錢的一部分進行低風險的投資，月收入可以有 4.8 萬元，若是自己還有體力，可以賺些外快打發時間，每個月收入應該有 6 萬元，1 年可以出國一次，還可以搭配每週一次的短期島內旅遊，平日公園爬山散步，享受有尊嚴的人生。

●豪華型：3,200 萬元

這筆錢的一部分進行低風險的投資，應該不必賺外快打發時間，每個月應該就有 9.6 萬元以上進帳，1 年出國三、四次，甚至還可以有費用較高的行程，像是南極之旅，看看企鵝搖啊搖地走路，也是人生一大樂事啊！

不過如果慾望極低，省電、省水、不生病，無恆產且不需要繳資產稅，山中採菜、不喝飲料、不舒服就等待自然離開人間，其實花費也不必很大，更不會成為《老後破產》、《下流老人》書中的主角。

建議：

1. 退休後有資產，又有營收，才是安穩的退休人生。

註 1 行政院主計處公布 2016 年薪資中位數及分布統計結果，https://www.dgbas.gov.tw/public/Attachment/732915421560370K6W.pdf。

註 2 由於各國物價水準不同，相同的收入不代表有相同的購買力，因此，OECD 進行國際比較時，並不是採匯率折算，而是用可以反映各國物價水準差異的民間消費購買力平價（PPP）進行調整。引自針對 8 月 31 日媒體對我國國民幸福指數質疑之說明，https://www.stat.gov.tw/ct.asp?xItem=34791&ctNode=5240&mp=4。

註 3 2016 年全年受僱員工人數平均為 744 萬 9 千人，全年每人每月總薪資平均為 48,790 元，http://www.stat.gov.tw/ct.asp?xItem=40964&ctNode=527&mp=4。

自己能帶來多少現金流？

◎營收不等同於現金流◎

早餐店每天開門做生意，產品單價都不高，三明治一個賣 25 元、漢堡一個 40 元、飲料一杯 25 元，假設單日營收高達 5,500 元，但這個金額並不代表流進收銀機的現金，實際上可能只有現金 5,000 元，像是有客人沒付錢；換言之，營收不代表真正的現金流。

最常見的就是賒帳；還記得小時候剛睡醒，想要到家旁邊的傳統菜市場買一碗冰冰涼涼的豆花加粉圓，那時候一碗才 10 元，可是因為匆忙起床沒睡醒，糊里糊塗地只帶了 5 元就來買粉圓豆花，一到付錢的時候，才發現身上只有 5 元，還好是鄰居，大家都很熟，老闆大手一揮，說：「沒關係，就記在帳上等月底再一起付。」這種賒帳的行為，在資產負債表上稱之為「應收帳款」。

營收在帳上看起來是 5,500 元，但實際上流進來的現金流只有 5,000 元。現金流不等同於營收，兩者相同當然最好，但對於上市櫃企業來說，要達到相同的水平幾乎不可能，因為在會計帳上的計算方式，必須是以獲利數字為基礎，然後加加減減一些項目，最後才能算出「營業現金流」。

再舉一個例子，高鐵 (2633)。2016 年第 4 季的淨利 12.41 億元，但是營業現金流卻高達 56.56 億元，中間的差距主要原因是「攤銷費用」37.67 億元、利息費用提列（迴轉）數 20.13 億元……再經過加加減減後，實際上流進來的錢就不只 12.41 億元。

讓我們再看一個例子，樂陞 (3662)。2016 年間，日本百尺竿頭公司謊稱會收購樂陞公司，使得 3 萬多名投資者虧損慘重；該公司 2015 年第 3 季的淨利 3.61 億元，但是營業現金流卻是 -0.67 億元，中間的差距主要原因是應收帳款增加 -3.91 億元、以及其他應收款增加 -1.95 億元，也就是說淨利雖然高，但實際上很高比例都是賒帳的，還沒有實際領到。

綜上，從公司經營者的角度來看，創造現金流比創造表面上的營收及獲利來說，要實在許多；如果營收能產生實在的現金流，而非虛假，當然是最好的狀況；只是對一般人來說，要能看懂現金流量表可是非常困難，反而是營收獲利的損益表簡單多了，因此上市櫃公司把營收獲利的數字弄漂亮一點，是一件很重要的事情。

像是知名的博達公司不法案，涉有製作假帳提高銷貨業績、虛增營業數額及盈餘，把投資大眾唬得一愣一愣的，致使許多人損失慘重，最後董事長葉素菲也鋃鐺入獄。

◎收進來的錢要大於投資的錢◎

在搞懂營收與現金流的關係之後，接下來要談談賺的錢，部分要拿來投資，比例該是多少會比較洽當？簡單的基本原則，賺進來的錢要大於投資的錢，從現金流量表的說法是，營業現金流要大於投資現金流。或許有些朋友還不太懂，讓我們先來看下表：

項目	金額（萬）
營業現金流	+100
投資現金流	-50
融資現金流	+10
本期約當現金增減數	+60

這是一家早餐店的現金流量表，今年收入 100 萬元，看起來獲利還不錯，所以美麗的老闆娘為了讓未來的獲利翻倍，所以希望透過「成功複製」的方式，開設更多的分店以創造更多的現金流，於是又開了第二

家店，加上一些裝潢總共花了 50 萬元，同年度又為了充實資本，趁著利率很低的時候，向銀行借貸了 10 萬元款項備用，所以年度約當現金增加了 60 萬元。

台積電每年都有大筆的資本支出，建設廠房、買新設備，掌握頂尖技術，才能以強大的競爭力換來源源不絕的訂單。

必要的投資是偉大企業必經的過程，個人也是一樣，我第二份工作的收入還不錯，但當時並不急著累積資本，而是花大錢去學習，17 年內唸了兩個學士（法律、語文教育，一個沒畢業）、兩個碩士（財經法律、資訊管理），以及一個博士（法律），上了各式各樣的課程，參與各種群組、社團學習，雖然投資現金流也流出甚多，但也成為未來快速累積資本的基礎。

只是有些公司過於勇敢，投入了過高的資金，譬如收入 100 萬元，卻花了 500 萬元擴張；運氣好就成功，運氣不好就因為槓桿太高而一蹶不振，如同勝華為了搶訂單而大舉擴廠。

當然本文並不是說收入如果只有 100 萬元，就不能花超過 100 萬元進行投資，只是偶一為之還可以，長期來說，「營業現金流 < 投資現金流」，不足的部分將需要透過「融資現金流」來補足，但這並不是企業穩定發展之道。

如果還不是很清楚，就再來舉一個例子，如果大學畢業後想要到國外進修，但動輒 150 萬元的相關費用，剛畢業實在無力負擔；因此，先到企業界工作 5 年，等存到了 200 萬元，狠下心再把這筆錢投資到海外唸書之用。

假設只存了 100 萬元，是否可以貸款 50 萬元出國唸書呢？

當然也是可以。只是要釐清現實狀況，自己將面臨負債，這一筆負債必須要在未來唸完書後，逐步清償完畢；如果還沒有清償完畢，又突然想說應該去唸個博士，可能要花上 500 萬元，也不是說不行，但可能學富五車回來，卻揹了難以承擔的債務。

建議：

1. 學習以現金流量表的概念來瞭解自己的財務狀況。
2. 客戶要精挑細選，別為了衝高營收，找了許多債信不良的客戶，最後只留下應收帳款。
3. 賺 5 元，頂多投資 4 元，留點餘裕的空間；但也不是完全不能超過 5 元，偶一為之可以，長期的話財務體質必然不健全。

風險控管

◎賺取小利，可能大失敗◎

2013年8月，特偵組於A案的監聽過程中，聽到柯建銘針對全民電通背信案更一審檢察官上訴一事，透過立法院長王金平進行關說，希望檢方不要上訴，王金平回應已經請曾勇夫處理，後來也不知是否有處理，反正檢方居然莫名其妙地剛好沒提出上訴了。

檢察總長黃世銘遂向當時的總統馬英九提出專案報告，當時此一關說案還在偵查中，向總統報告也涉及洩密罪。這涉及到一個選擇，當你得到一個秘密，到底該小心謹慎、持續偵查，還是獻給上位掌權者，搖尾等待好處呢？黃世銘先生選擇了後者，結果到最後，黃世銘先生遭到一二審法院均判決有期徒刑[1]。

職場上也常碰到這種情況。我調查過許多聳動的案件，結束後，如果對民眾有宣導之必要，在法律許可範圍內，會發布新聞稿。有一次破了尚稱令人矚目的案件，發現一些單位資料入侵，政府機關也很積極地想要填補資料外洩漏洞，因此希望偵辦單位能說明案情。

只是偵辦中的案件，受到「偵查不公開」原則的限制，僅有在特定例外情況下，才可以公開，像是發布新聞稿提醒民眾嚴加注意即屬例外情形之一。除此之外，一般都會在檢察官起訴後，才針對案情分享給相關單位知曉；但有時候事涉維護公共利益，會提早在必要範圍內分享給相關政府單位，提早因應防範。

只是當長官下令的時候，承辦人員是否會去思考偵查過程中公開與不公開的界線？恐怕會這麼思考的人是少之又少，大多數一聽到長官交辦事項，馬上像條哈巴狗一樣立刻照辦，把一切法令都拋在腦後。

我身為法律人，通常都會提醒「偵查不公開」原則存在，並且分析利弊得失，跑到總統府、行政院報告案件，看似風光，那又如何？就算會拔擢升官，但也很可能面臨洩密罪，搞個身敗名裂。想當年調查局長葉盛茂被控洩密公文給前總統陳水扁，遭判刑入獄 681 天；當時在法庭審理時，葉盛茂遇到陳水扁，本來習慣性地起身致意，充分顯示出主從關係，但陳水扁連正眼都不瞧一眼，葉盛茂百感交集，未得到主子的正面回應啊！

當大難臨頭時，誰管你當年是否忠心。

回到自己這一家企業，如同到底要不要砸下 100 萬元投資某個新興事業，成功了可以多賺 10 萬元，失敗了除了賠光本金外，還要負債 500 萬。從利弊衡量的判斷來看，決定是否執行這項事業就要經過更審慎的考量；像是預估成功機率來算出期望值，只要期望值不錯，可以選擇勇敢往前，如馴獸師一樣，能夠一邊控制風險、一邊做出成果的人，才是企業願意交付重責大任的人才[2]。

◎準備好退休的資產與現金流了嗎？◎

2016 年 11 月 22 日，復興航空因為發生兩起空難，陸客又因民進黨執政後，兩岸關係走弱而減少來台人數，種種因素使得復興航空虧損連連。趁著公司資產還有價值的時候，趕緊進行解散清算程序，算一算還有多少財產，看看申報的債權有多少，分配完畢後，剩下的錢或許股東還有機會分一分。

企業經營不下去，解散清算即可；人可不一樣，不怕早死，就怕退休沒錢。換言之，人必須準備好面對退休，最重要的基礎是退休金，搭配健康與生活方式，減少躺在病床上或需要別人照料的時間，是最有尊嚴，也對周遭親人影響最小的狀況。

你準備好退休的資產與現金流了嗎？

我常常在臉書貼這類文字提醒朋友，一轉眼之間，就來到了退休年齡，政府不斷印鈔使得通貨膨脹不斷，亂花錢的政府苛刻對待公務員，連對勞工與一般民眾承諾的年金也東扣西扣，違背當初的承諾；因此，退休規劃最好「忘記」政府的退休金給付。

撇除政府退休金後，還剩下哪些退休收入來源可以依賴呢？

①第一種是靠自己存下來的資產，如同前述「設定財務目標」的章節中，有提出 800 萬、1,600 萬、3,200 萬三種資產套餐的建議。

②第二種是增加現金流，如同乳牛一樣，每天早上都會貢獻新鮮的牛奶。所以可以把前述存下來的資產進行穩定投資、賺取獲利，扣除掉支出說不定還有豐富的結餘。

舉 1,600 萬元為例，其中 1,000 萬元投資獲利為 6%，也就是 60 萬元，代表平均每個月可以有 5 萬元的收入。如果身體一直保持健康，加上老年人生活開銷不大，只要管控得宜，每個月還可以有剩餘，繼續投入原有的資產讓自己的資產愈來愈大。

即便是退休花費開銷大，透過適度地資產投資，可以減緩資產的減少速度。延續剛剛的例子，資產有 1,600 萬元，可以將其中 1,000 萬元投資獲利為 6%的產業，也就是增加 60 萬元的現金流，代表平均每個月可以有 5 萬元的收入，但每個月支出卻有 6 萬元，所以每個月僅減少 1 萬元，可以延緩資產減少的速度。

只是投資就會有風險，早一點學習正確的投資理財知識，儘量在 50 歲之前就要學習如何活用資產；獲利逾高，風險也會升高，但年輕人不怕失敗，跌倒了再爬起來即可，不要等年老才面對投資的失敗，兩袖清空又無東山再起的能力，可能淪為街頭遊民。

建議：

1. 別為了眼前小小的利潤，而忘記背後龐大的風險。
2. 不要為了主子而違法，大難來臨時，主子才不管你是否忠心。
3. 提早學習投資理財的知識，50 歲以前就該開始學習。

註 1 臺灣高等法院 103 年度矚上易字第 1 號刑事判決。
註 2 野口眞人，《我值多少錢？》，第 202 頁。

別把指標當成目標

◎ 90 分還要排名次嗎？◎

有一位平日表現不錯，個性積極進取的後期小老弟，某日下午突然打了通電話到我的分機。因為工作忙碌，接起電話也沒時間問聲好或話家常，通常 1 秒接起來，馬上喊了聲「是」。

對方說了聲「學長好」，熟悉的聲音讓我腦中浮現出對方的模樣，簡單問候了一下，才知道無事不登三寶殿，對方因最近績效表現殿後，頗為困擾，想要打電話來詢問看看我主管的業務中，有沒有什麼技巧可以有效地賺取績效。

這就讓我納悶了，這位年輕人表現再差，以其個性來看，應該也不會差到哪裡去，怎麼會殿後，還淪落到要找一些取巧的方式來爭取績效呢？於是問了原委：「最近打混太嚴重嗎？」學弟急忙澄清：「學長，冤枉啊！只是因為大家都很努力，成績都相距不遠，我只是稍微差了零點幾分，就變成最後一名了。」「那偶爾最後一名也沒關係啊！長官還是會看得到你的努力。」只好安慰他一下。

「如果真的是這樣子就好，但長官只看到與其他單位的排名，為了達到更好的排名，成績不好的同仁，可是不留情面地海 K 啊！」

聽到這裡，大概知道問題所在，績效本來是指標，現在居然變成了目標。這是什麼意思？簡單來說，數字績效制度在國內行之有年，以量化的方式評斷員工的表現，並據此作為考核的依據，進而讓整體組織表現更向前邁進。

譬如為民服務案件 100 件，99 件的就比 100 件少 1 件，績效就無法超過 100 件，即使還是表現很好，但相較於 100 件的單位，表現上只能屈居第二；此種數字績效制度，透過一定的獎賞方式，可以促使第二名繼續往 101 件努力；只是時間一久，大家忘記了原先的目的是讓組織整體表現更好，長官為了升官，自然要靠績效撐場面。儘管你組織表現已經很優質，但是只要本單位輸給其他單位 1 分，排名在別人之後，那就是壞事。

因此，對內部表現不佳的員工，或者是說表現很好，但排名在後面的員工，可就不假辭色。各位試想看看，如果分數確實能呈現員工的表現，下列分數你覺得誰比較好？

96 、 95 、 95 、 94 、 97

總分 477 分。當然是 97 分表現最好，94 分表現差一點，但大家表現都算是不錯，而且差距不大，再換一組來看看……

99 、 95 、 95 、 94 、 91

總分 474 分。99 分最高，最低 91 分，因為上下落差比較大，且這一組比上一組 477 分還要低，91 就成為關注的焦點。

如果 90 分以上算是表現優異，91 分應該要給予肯定，但只是因為比其他組分數還要低，這時要注意表現差只是「相對」的概念，實際上已經算是不錯了，這時肯定都來不及，卻還要甩他兩巴掌，立意良善的制度扭曲至此，實在令人費解。因此，有些機制上不再排名次，而是以甲等、乙等之類的等級來淡化名次的影響。

◎數據的主觀偏誤◎

現在是倡議「大數據」的時代，似乎只要有了數據，就可以解決所有的問題。對我而言，數據只是一些客觀的「刻度」，如同飛行員的儀表板一樣，可以很清楚地瞭解自身狀況、目前的高度和方向，而不會誤將地板當作天空，而導致墜機的結果。

有了這些客觀的刻度，主要是解決主觀偏誤的問題。

人的主觀感受其實是相對性的。譬如一位武術高手，剛開始練武術的時候，踢到小腿迎面骨的痛徹心腑的感覺，實在是難以忍受。隨著碰撞次數增加，就像電影「會計師」片中男主角拿著鐵柱磨迎面骨一樣，愈來愈能忍受撞擊；早期我練武術的時候，也常常拿著磚頭磨迎面骨，然後再擦「藥洗」，久了也比較耐撞。

一樣的撞擊力量，但練習到一定程度，反而會覺得一點也不痛。

再舉一個例子，甲薪資 5 萬元，在我國生活還算過得去，如果換到日本，工讀生月薪也有 6、7 萬元，5 萬元在那邊可能就是貧窮階級；反之，如果來到了非洲，當地居民每月薪水可能不到 3,000 元，5 萬元就成為當地非富即貴的等級。

一樣的薪水，在不同國家會展現出不同的感受，有些國家可以活得很舒適，有些國家卻會活得很痛苦。如果僅單靠舒適與否來判斷收入的高低，可能會有錯誤的判斷；反之，如果以收入的高低來推斷生活舒適度，也未必準確。因此數據應該當作是一種刻度，不能單純用主觀感受來分析自己的處境，還必須以客觀數據加以判斷，也不能僅以客觀數據加以判斷。

數據雖然很重要，但也不是無敵，只是具備輔助判斷的性質。

凱西．歐尼爾（Cathy O'Neil）所著的《大數據的傲慢與偏見》中提到許多數據分析上的限制，像是沒有數據，只好找替代數據，如學生的 SAT 分數、師生比率或錄取率，來決定辨學好壞的判斷標準。例如錄取率要低，才可以推高學校的排名，因此學校拒絕了許多優質的學生，因為從數據分析上來觀察，這些學生可能因為錄取其他比較好的學校，而根本不會前來就讀。

這一點讓我想起了大約 25 年前的一段往事，我哥哥從台大研究所畢業，也在國際期刊上發表過文章，托福分數也相當高，希望能進長春藤名校，但為了保險起見，還是申請了許多普通排名的學校。結果這些普通排名的學校效率非常高，最先寄回了拒絕錄取通知，當時看到哥哥拿到拒絕錄取通知書，臉上透露一些沮喪。但過了幾天，美國長春藤、英國牛津、劍橋等名校，陸續寄發錄取通知書，還有全額等各種不同條件的獎學金，可以說是大獲全勝。

今日回想起來，好學校全都錄取，普通學校拒絕錄取的扭曲現象，不正是指標變成了目標的結果。社會上一定因為數據分析，逐漸地發展出許多扭曲的現象，產生有害的回饋迴路，這些數學模型是可怕的毀滅性武器，而且深深影響著我們。

◎扭曲，是生存的唯一道路◎

要在把指標當成目標的扭曲制度下生存，開始學習自我扭曲就成為不得已的措施。首先，只要立即就有的績效，像是媒體記者放棄深入布線、落實轄區經營，因為這樣要花個 2、3 年才能換得一個有價值的新聞，能不能撐過這 2、3 年都還是問題，說不定就躲不過老闆今晚的責難；還不如花個 10 分鐘申請加入「爆料○社」臉書社團，每天盯著大夥的貼文，管他內容是否有意義，只要上得了新聞版面、觀眾願意看、廣告商願意出錢，那就是好新聞。

這種扭曲現象會造成很深的影響，影響層面最廣的還是從小到大的學習。大家都應該記得學習的廣度有五育，即德智體群美，到了國中只剩下第二個字「智」；為了考上名牌高中，美術課拿來複習英文、體育課來練習數學，因為考高中主要還是看智育的數字，其他都是次要的。

只是這樣子讓我們心中充滿疑惑，憑藉考試分數的高低，讓成績比較高的優秀學生能脫穎而出，但很多題目只是讓學生思想愈來愈刁鑽、狹隘，甚至只會找尋標準答案。一個國、高中只要求學生追求標準答案的體系，而大學教授卻老是批評這樣教育體制培育出來的學子，不知深入思考，這不是很矛盾嗎？

從人口結構發展上，過度重視智育有其發展的背景。

當學生人數過多，而要擠進數量少的頂尖大學，只好依賴評量表現的指標來決定是否入學，國文、數學、自然等是非對錯的題目，當然是最好的依據；而比較抽象的道德表現，很難測驗學生是否願意大難臨頭時挺身而出，或者像是扶老太太過馬路的善舉，這些都很難評量高低，並藉此作為決定是否錄取的基礎。因此，智育的科目變成聯考的內容，也是其來有自。人數愈多的時代，競爭的分數不是 1 分的差距，而是 0.01 分。

隨著少子化的出現，一堆大學將會出現空城計，下一個 10 年的大一新生，學校大約在 140 至 150 間，大家爭著少數的學生，使得這些天之驕子能夠輕鬆進入更好的大學、享受更多的資源。

最重要的一點，不需要像過去晨昏顛倒唸書的競爭模式，智育的表現將不是那麼重要，過去因為競爭而偏斜的考試制度，將逐漸被修正，只要不刻意追求頂尖中的頂尖，將能釋放更多學生思考的空間，填裝更多寶貴經驗，而不是只有智育這一門科目。

在此趨勢下，奉勸各位為人父母者，因為少子化的關係，現在國中以下的小朋友，未來升大學的時後並沒有太大的壓力，不要再逼子女去上安親班、才藝班、升學補習班等，這些都會讓知

識淪為考試的工作。不要只追求學子在智育方面有好的表現，而是在其他方面也可以看到小孩子更多的希望。

追求頂尖，或者是頂尖的頂尖，將使得目標無法達成，反而是過程中象徵性的指標，久而久之變成了學生的目標，這樣反而是扼殺子女的最後一根稻草。很可能到了最後，發現學生眼中只有數字，不知道孝敬父母、尊敬師長，只知道如何追求更高分，讓自己能換得最佳利益，那時可就後悔莫及啊！

◎Dr.J的數據之旅◎

有一次寫完了鹿港捷運的分析文章，傳給一些朋友看看有什麼反應與意見，朋友樹玉在看完之後，問了一個問題，為什麼那麼喜歡算數據？從什麼時候開始的？

聽到這個問題之後，突然腦中一片空白，一位從專科莫名其妙跑到數學組的學生，微積分、代數……等科目都低空飛過，現在居然成為很會分析數據的數據愛好者，到底是哪一個點改變了我，居然想不起來！

以前的我很羨慕王伯達先生可以把總經數據分析得那麼清楚，還能用白話講出來，但自己卻不知道怎麼開始。當時跟樹玉說抱歉，實在想不起來。之後，便開始翻閱行事曆、簡報檔的建立日期、臉書的紀錄，花了很大的工夫，才整理出下列的關鍵時間點。

以下時間序是我的數據之旅，可以作為後進者的參考：

時間	做了什麼？
1989年9月	進入數學組。
2004年9月	進入台北大學資管所就讀。
2010年9月30日	王伯達的新書《民國100年大泡沫》，讓我開始接觸一些總體經濟的數據，但王伯達一系列叢書淺顯易懂，卻沒辦法讓自己學會算數據。
2011年	博士畢業，主修法律經濟學，那時候主要是算投資理財的數據，偏重於財務分析。

2014年3月8日	哈利．鄧特二世出版《2014-2019經濟大懸崖》，發現從人口結構來分析一些數據很有趣。
2014年6月	受邀參加中央大學前瞻實驗室舉辦的一場研討會，主題是有關大數據(Big Data)的概念。
2015年5月17日	在「變」系列講座中，安排一場「數據力」(潘哥主講)。
2015年11月	開始閱讀已經出版1年的《二十一世紀資本論》(2014年11月14日出版)，差不多看懂，把所有我國相關數字拿出來算一次，程度突飛猛進。 同時也看了世界各國有關總體經濟的書籍。
2015年12月15日	成立臉書「Taiwan大數據、大趨勢分析」社團。
2016年2月28日	舉辦「Taiwan未來十年大趨勢」講座。
2016年3月1日	成爲「大數聚」網站的數據分析專欄作家，每月兩篇專欄文章，瀏覽率有一定水準。
2017年3月8日	出版《圖解理財幼幼班 2：數據迷思與投資情緒》。
2017年4月迄今	目前依舊喜歡分析大量數據，也慢慢著手進行比較無趣的政策分析，並且運用更爲純熟的數據分析技術，開始研究泡沫、壞股票。

透過漫長的數字培訓，從不太懂數字，到後來幾乎把所有數字都算過一遍，加上慢慢學習的統計、資訊來協助分析，到後來甚至能精準地預判一些未來的趨勢。因此，希望透過我實際運用數據的經驗，透過本文分享給大家，學習數據是讓自己成長，別再把自己限制在分數之中，跳脫出數字的框架，享受數字帶來的成長與財富。

建議：

1. 別讓分數框住了自己的成長，人生的目標不是數字。
2. 讓數字的分析協助管理自己的人生，也能順利判斷未來的趨勢，走上正確的人生道路。
3. 請參考《圖解理財幼幼班 2 數據迷思與投資情緒》。

數據的陷阱

◎造圖者的功力◎

有一次在評論鹿港捷運興建的效益時，討論到人口變化，其中彰化縣整體人口下滑，但鹿港、和美的人口變化卻微幅上升，於是將 2001 至 2016 年彰化與和美地區人口變化，繪製圖表如下：

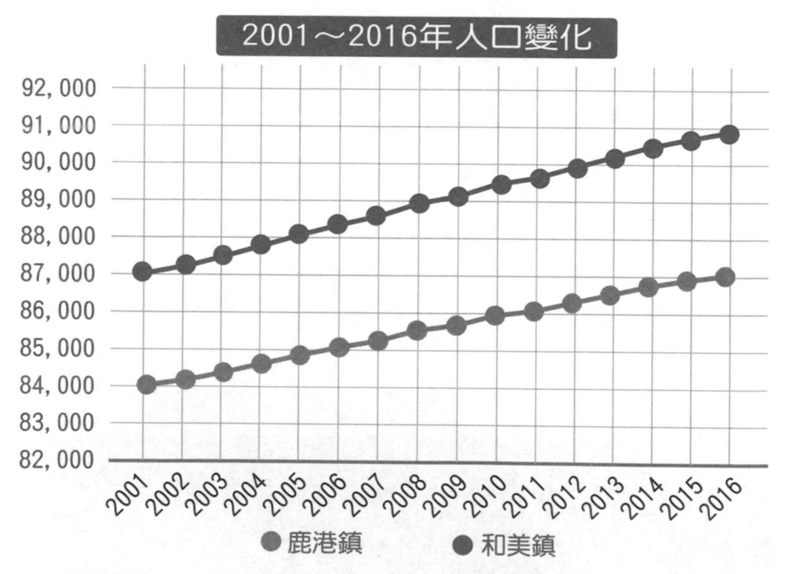

和美鎮從 8.7 萬人上升到 9.1 萬人，僅成長 4.6%。

鹿港鎮從 8.4 萬人上升到 8.7 萬人，僅成長 3.3%。

剛寫完後不久，和幾位朋友一起在 7-11 聊天，便分享這張圖給朋友觀看，大家很容易產生一個錯誤的第一印象，鹿港鎮與和美鎮的人口看起來成長不少。於是，便修改了一下縱座標顯示的範圍，把原本從 80,000 ～ 92,000 的縱座標，修正成為 0 ～ 100,000，圖表顯示如下：

再拿這張圖給朋友看，朋友紛紛表示：「奇怪了，怎麼看起來跟剛剛不太一樣，人口似乎有成長，但看起來卻很些微且不明顯。」經過說明，友人才瞭解透過修正顯示的範圍，可以將一些微小的變化放大，這就是造圖者的奧妙。

假設一位公司的新人要在董事會爭取一筆預算，必須強調計畫的重要性與效果的顯著性，可是實際上的改變，從長期歷史上來看根本是微不足道，這時候可以耍一點小魔術，如同前面的改變縱座標，只顯示特定變化大的區段，就可以有不錯的效果。

反之，如果是計畫審查者，必須要特別小心這種數據的誤導，如果對於數據的顯示有疑問，必須取得原始數據，依據自己的做法來繪製圖表，以避免一樣的數據在施以魔法後，會有過度神奇的美化與加工。

◎人口減少、戶數增加◎

我時常撰寫不動產價格的文章，有許多文章的點閱率與分享率都不錯，其中有一項判斷價格趨勢的標準是人口結構，而且限定在 27 至 41 歲的首次購屋族群，主張這一區塊年齡的購屋者將逐年減少，從接近 600 萬人，到 1941 年時將降為只剩下 320 萬人，少了大約 45%。

反對者聽到這個消息，主張人口雖然降低，但每戶人數也隨著老人留在鄉村，年輕人到都市工作的現象，再加上少子化的因素，每戶人數降低，戶數隨之增加；既然戶數增加，房地產需求應該也是增加。

反對者的思考點是正確的，但還是要分析一下到底人口導致需求降低，戶數增加導致需求增加，最後會讓需求量大幅度增加？或者是兩者平衡？還是只是「緩解」需求量降低的問題？

讓我們先來思考一下，如果一個 1,000 人的社會，4 人組成一個家庭，每個家庭想要有一間房子，總共 250 個買房子的需求。如果這個鄉鎮的人口逐漸減少，變成 800 人的社會，老人不再和小孩子住在一起，家庭成員逐漸減少到平均 2.5 個人，每個家庭還是想要有一間房子，總共 320 個買房子的需求。

買房子的需求，確實從 250 個提升到 320 個。

只是人口繼續變少，變成 600 人的社會，或是人口也許沒那麼少，但結構上變成老人比例快速提高的社會，實質上與 600 人的社會也差不多，即便家庭成員減少到平均 2.5 個人，需求將會減少，算出來的需求只剩下 240 個買房子的需求。

買房子的需求，確實從 250 個降低到 240 個。

另外還有面積的問題，當每戶人口減少，使用面積應該會更小，所以如果總人數不變，除非每個人所需使用面積改變，否則每戶成員人數雖然降低，但是總需求坪數應該是不變的（當然也可能改變）。

這些思考點都很有趣，可以找出數據作為佐證。

建議：

1. 數據的呈現方式不同，看到的感覺也會有所不同。
2. 數據也應該交叉思考，人口減少可能導致購屋需求減少，但小家庭的趨勢，卻可能導致戶數增加，整體不動產的戶數需求未必減少，可是總需求坪數應該是降低的。
3. 參考拙著「戶數增加趨緩，不動產寒冬步步進逼！」(大數聚) http://group.dailyview.tw/author/moneyshijie/，可加入 Line：m36030 取得連結，或是觀看直播影片：

小心金融模型

◎對貪婪市場的產品要抱持懷疑的態度◎

我平時行事作風非常小心，習武多年，對環境變化常保警覺心，隨時抱持著謹慎的備戰狀態，以防止隨時有突如其來的攻擊。舉個例子，一般人走在大馬路上，大概不會覺得有人會攻擊，因為機率太低了；但我都會預設危險發生的可能性，像是即將行經右前側陰暗交叉路口時，會自然而然地「往左靠一步」，雙手手掌本來是自然擺動地行走，此時也會稍稍抬起至胸前、半握拳，呈對戰的預備姿勢，並且用眼角的餘光觀察陰暗岔路內是否暗藏匪徒，會不會揮舞著一把刀突然跳出來，砍傷人奪財而走。

往左靠一步，可以增加反應的空間，也拉長歹徒攻擊的距離，提升攻擊成功的困難度；提早觀察危險區域，可以縮短大腦反應的時間。如同古代很多描述戰爭的故事，來襲者趁半夜摸黑攻擊，許多來不及穿上戰服盔甲的士兵，睡得迷迷糊糊，驚醒時不知道天南地北方向，還沒找到武器前就被敵人的長矛戳死。金融市場如同險惡的都市叢林，也如同戰場，參與者非常貪婪，在踏入金融市場時更要謹慎小心，以免被豺狼虎豹吞食。

許多金融界的高手喜歡設計金融模型，這種模型當然不是指飛機模型的製作，而是指一個有博士頭銜、名校畢業，設計出一個看起來眼花撩亂、說起來錯綜複雜的數學公式，只要導入資料就可以算出結果，即使回測資料也都沒有問題。

只是這種模型通常都有其限制，必須在一定的條件下才會出現預期的結果，這種「假裝確定性」有其風險存在，像是大型避險基金喜歡聘請各領域極聰明的人物，設計出一些特殊的模型，創造出最大報酬的避險策略；只是這些策略能撐幾天呢？數十年，還是幾天都撐不住[1]。

模型並不是一文不值，只是必須知道其限制所在，而投資人往往什麼都不知道，也不想知道，只是看到介紹人提出幾個成功的案例，然後就相信了，卻沒看到失敗的案例也不少。既然一般民眾根本搞不懂模型的內容，卻對於拿著複雜模型招募資金的聰明人物趨之若鶩，捧著大把大把的錢財，支付高額的手續費，而矯情的基金經理人臉上還露出愛收不收的表情。

充滿信心的原因可能是與「專家效應」有關。

這些財經專家穿著西裝筆挺的西裝，在鎂光燈中訴說著投資策略是多麼得高明，在此氛圍之下，面對西裝筆挺，有著名校背景的人，渺小自己的大腦往往就卸載（Offloads）、停止思考；對於能不思考這件事，大腦可是樂此不疲，因為大腦小小一顆卻要執行許多任務，如果複雜的事情能夠外包給專家，那可是一大樂事啊[2]！

當市場滿地都是金融專家，每個都有亮麗的學經歷背景，數以萬計的基金投資產品，要如何吸引投資市場的目光，就必須要有一些行銷策略。尋找一些怪異的想法，包裝成可以突破傳統窠臼困境的產品，訴說一個又一個的成功故事，自然能夠吸引投資人的目光。

金融市場如同南非大草原一樣，裡頭的獅子可不是吃素的。

◎有完勝的產品嗎？◎

如果台積電買在 50 元，長期持有，每年可以穩定配息；如果買在 200 元，長期持有，每年還是可以穩定配息。只是報酬率來說，買在低價位的報酬率會比高價位的報酬率還要高出許多。

●好的股票、買在低點、長期持有，可以穩定獲利形成被動收入。

●好的股票、買在高點、長期持有，可以穩定獲利形成被動收入。

這兩段話有幾個思考點：

①如何判斷好的股票？

②高低價位如何判斷？

③如果有價差，還要長期持有嗎？

接著，我們還可以進行一些反向思考：

①如果是壞股票難道就不能買嗎？

②如果預估有更高的價格，可以追高嗎？

③我國若是長期持有，每年只能配一次息，如果 1 年賺 4 次價差，不就可以賺更多嗎？所以可以短線操作，以賺取價差為主嗎？

因為每個人的個性不同，有些人喜歡短線價差操作、有些人喜歡長期持有以領取股息，確定好自己的操作屬性後，就開始找投資標的。如果是長線喜歡被動收入的投資者而言，從事後諸葛來看，台積電（2330）遠比宏達電（2498）好上許多；但是宏達電曾經短暫來到 1,300 元的高點，如果搭乘時光機回到一開始，看著台積電與宏達電兩個投資標的，即便是專業投資人也很難挑出好的股票。

選股的難度非常高，因此市場上有許多基金型金融產品，有些操作股票、債券；有些強調股債平衡、主動投資等，種類繁多。

所謂指數型基金，選好一定條件的證券進行追蹤，設定每一檔股票在此基金的權重，權重再構成該基金的指數。因為已經設定好一定的權重，多採電腦操作，與主動式基金由基金經理人操作有所不同。

近期流行的 ETF，稱之為「指數股票型基金」，與指數型基金不同的地方，在於像是股票一樣可以直接交易，也是強調低管理費，追蹤指數以模仿市場表現的投資組合，國內最有名的像是台灣 50，全稱為「元大寶來台灣卓越 50 基金」（0050），指數如果是在一定區間擺動，蠻適合以 ETF 當作工具進行操作。

由於幾種因素，被動型投資操作可以解決這幾個問題：

①人性容易追高殺低，搭配定期定額、定期不定額的方式，可以讓自己不知不覺地加碼買進，久而久之就累積了一些單位數，並於高檔時適時出脫部分持股，穩定的獲利入袋。

②特定股票會有風險存在，例如復興航空發生 2 次空難，最後解散結束。如果重壓在一檔股票，如同雞蛋放在同一個籃子中，風險無法分散，透過像是 0050 一籃子的股票選擇策略，即使單一股票發生問題，但占比很低，對整體的影響不大。

人，就是野獸。

只要開始賺錢，就認為自己最行，跟運氣一點關係都沒有。然後開始自以為是，開始押注在價格過高的熱門狂漲股，很快這些股票就面對均值回歸，最後海嘯狂潮結束之後，一切的絢麗又回歸平淡。

成功的投資人如同「職業賭徒」，能夠控制自己的心性；如同躲在暗處的雄獅，靜心地等待獵物的到來。其次，投資工具超級多，全世界都是他的投資目標；最後，買了好的標的，貫徹「買進抱牢」策略，長期持有、減少操作，獲利自然如水龍頭一樣，水會自動流出來[3]。

投資商品只是自己的獲利工具，完勝與否，主要是依賴自己的投資決策品質。如果自己還是野獸決策，可透過 0050 之類的 ETF 減少人性操作的缺點；反之，自己已經是修練後的人性，ETF 之類的產品意義就降低許多。

註 1 羅伯 · 麥修斯，《機率思考》，第 335-336 頁。
註 2 有關於「專家，讓你不再思考」，可參考拙著《圖解理財幼幼班：慢賺的修練》。
註 3 羅伯 · 麥修斯，《機率思考》，第 341 頁。

Chapter 4

思考力與觀察力

趨勢與波動

◎軍艦島的沒落◎

來到了曾經遭受到原子彈荼毒的長崎，繁榮的街景早已看不到當年殘破不堪的戰爭場景。出了火車站，沿著右邊的道路往港口走去，一路上店家並不如東京市區一樣密集，崛起的高樓大廈林立，也象徵著原子彈苦難之都的崛起。

走著、走著來到了長崎港，港口附近是知名的旅遊勝地，除了有一家百貨公司外，沿岸還有許多海產店、咖啡廳等，可以一邊享受餐點、一邊欣賞停滿了漁船與遊艇的港口。

搭上了前往軍艦島的遊艇，遊客們都站在船的一、二層後方，迎著海風，看著逐漸遠離的港口，沿著長崎的陸地一路往前航行。逐漸地，連陸地也看不見，濛濛霧霧的海上景色，島嶼一個接著一個，原本站著的遊客大多累了而回到船艙內休息，聽不懂日文介紹的我幻想著當年軍艦島的居民，每次也要花很長時間，搭著船在路地與島嶼之間流動。

忽然之間，介紹的聲音逐漸有點興奮，遊客大多站起來，開始拿著相機對著前方逐漸變大的島嶼拍攝，看來期待已久的軍艦島要到了。在逐漸接近島嶼的過程中，只見每位遊客的相機拍個不停，好不容易來到了島嶼的小碼頭，工作人員套上纜繩，大家早已經排好隊等待登島，聽說因為海象惡劣，過去只有三分之一的機會可以成功登島，想不到自己可以成為幸運的三分之一。

等了許久，突然工作人員把纜繩解開，船卻逐漸往後退去，不懂日文的我，輾轉得知因為海象關係，不符合登島標準。天啊！在最後臨門一腳的階段，居然變成了那無法登島的三分之二，當時真想要一個箭步翻身上島，或者是哀求工作人員，遠從台灣來，不管怎麼樣也讓我摸一下土地吧！只是嚴謹的日本國民怎麼可能接受此種無理的要求，幻想歸幻想，還是只能無神地隨著遊艇繞著軍艦島，勉強拍了幾張近照和幾段攝影，心裡默想著下一次一定要登島成功。

007 系列電影「空降危機」的場景，就是日本長崎外海的人工島嶼「軍艦島」，在 2014 年英國衛報選為「世界十大鬼城」。1959 年，軍艦島每平方公里住了 8 萬 3600 人[1]，相較台北市的人口密度約 9,900 人，足足多了 9 倍之多，細看國內人口最稠密的區域，當屬永和區勝出，高達 3 萬 9 千人之譜，軍艦島還多出了 1 倍之多。

軍艦島屬狹長型的小島，東西約 160 公尺、南北約 480 公尺，海岸線長約 1200 公尺。1810 年時發現擁有大量煤礦資源，到了 1890 年，日本三菱財閥以 10 萬日圓買下軍艦島，開始開發該島。

為了從海底採挖煤礦，加速全島開發，也為了讓更多的礦工與家屬能夠入住，1916 年日本第一棟鋼筋混凝土大廈於此落成。同時期更以強迫的方式，讓朝鮮人當礦奴，這些被徵用的可憐韓國勞工，每天被迫在海底 700 米的礦坑工作 12 小時，且沒有薪水，而且時常發生事故，導致許多礦工死亡。在此環境下，當然很多人想要逃跑，但身為礦奴，又在孤立的軍艦島上，想逃都很難，逃了被抓到也會被打到死。

在這麼高人口密度的環境中，不但有日本第一棟鋼筋混凝土大廈，裡頭更是有著各種設備店家，除了住宅之外，學校、商店、醫院、電影院、理髮店等都有。

1960 年後，日本能源的消耗從煤炭轉變為石油，煤炭需求降低，軍艦島也逐漸沒落，歷經了 14 年，島上礦場全數關閉，全島居民也在 1974 年 4 月 20 日全數撤離，迄今已超過 40 年，直到 2009 年 4 月 22 日起重新開放部分建築與道路，供觀光客進入參觀[2]。

◎波動不會改變趨勢◎

把歷史的時間拉長，經過了一次、二次世界大戰之後，進入長時間的和平階段，不再有大範圍的戰爭，只剩下零星的地域衝突；人類開始休養生息，人口因此快速膨脹。在此一人口趨勢中，經濟快速增長、通貨膨脹不斷攀高，像我國在 1980 年起進入科技產業高速發展的年代，但隨著經濟快速增長，再大的經濟成長規模，也有其比例上的限制。如同一位資產 100 萬的年輕人，隔年存了 100 萬，資產成長了 100%，但下一個年度要再增長 100%，則要存 200 萬元。

經濟高速成長的國家，前幾年還有可能超過二位數的成長，可是增幅比例愈來愈低，股市看到 GDP 的成長逐年降低，自然資金的流向就跑了出去，影響了股市；為了救回股市，政府會開始搞一些奇怪的財經政策，像是安倍晉三的印鈔，美國在 2008 年金融海嘯後的量化寬鬆，經濟成長→瓶頸→經濟下滑→刺激，就是近年來全球發展的縮影。

看著台灣房地產的走勢，不正是此一人口趨勢下的必然現象。當人口成長，價格必然會被炒高，炒高過程中會因為特定事件而調整，像是 2000 年的網路泡沫、2003 年 SARS 危機、2008 年次貸危機所引發的金融海嘯，都讓房價有了一些震盪。只是波動完畢，仍會繼續朝著其應有的趨勢前進，直到人口趨勢開始改變。

正如同開船往北極行駛，可能因為一些暗流、阻礙而轉而行駛其他航道、偏離了既有的路線；如果從股市來說，就是短線波動的概念，只要最終目的沒有改變，偏離之後就會回來，朝向既有的目標前進。

只是北極的目標總會達到，方向總會改變。

◎轉向的速度很慢◎

軍艦島，總人口不過 5 千多人，當日本能源的消耗從煤炭慢慢轉變為石油。隨著煤炭需求量降低，軍艦島發展逐漸沒落，也足足花了 14 年的時間，全體居民才撤離島嶼。從密度最高的島嶼轉變成「世界十大鬼城」，轉向是必須要耗費時間的。

我國少子化的問題嚴重，想當年 1955 至 1965 年、1976 至 1982 年間出生人口來到 40 萬上下的水平；時至今日，每年未滿 20 萬出生人口卻是常見的數字。少子化這麼多年，我國總人口卻還是持續增加，原因無他，主要是人口老化嚴重，使得整體人口早就該降低的情況，卻因為人活得太久而往後遞延轉彎的日子。

有人說：總人數增加，相關產業需求應該也會增加。

這樣子的想法是錯的，因為總人數只剩下微幅增加，更應該注意的是「人口結構」。老人指數衝高，未滿 65 歲的勞動人口與幼年人口占比少了很多，比較不太消費的老人卻增加甚多；一年一年地過去，年輕消費人口將愈來愈少，對於國內經濟發展並不是一件好事。

全世界大部分成熟國家的人口結構都在改變，台灣因為外來人口較少，改變的狀況更是明顯。只是轉向的改變是漸進的趨勢，對於一般人而言，如同溫水煮青蛙一樣，並不會有太大的感受，等到發現水滾了，想要逃出來也來不及。

我時常撰寫一些趨勢文章，並且輔以數據為基礎，只是民眾習慣於以現在的感覺去看未來，文章底下酸民的留言總是一堆責難之語，覺得怎麼可能，就算數據完整還是怒稱沒有根據，可是事實卻愈來愈清楚，這些違反趨勢的留言也將愈來愈少，因為大船正在轉向。

建議：

1. 短期的波動不會改變長期的趨勢，無論是經營國家、企業或個人，看準趨勢是存活與成長的關鍵。
2. 轉向的速度很慢，如同溫水煮青蛙一樣，容易讓人失去了戒心。

註 1 Top 10 ghost towns and modern ruins you can visit，https://www.theguardian.com/travel/2014/oct/27/top-10-ghost-towns-visit-modern-ruins。
註 2 爲何居民全部消失？http://www.storm.mg/lifestyle/50833。

三論直覺訓練

◎高潮轉折點的判斷◎

理財幼幼班第 1、2 集都提到了直覺這件事情，這也是長期以來個人的研究重心。經過不斷地分析，不斷有新的體會，覺得還是有必要再一次補充說明，因為常看到國家領導人或企業家用直覺來判斷未來，讓人憂心忡忡，因此在此提醒建立直覺的正確觀念，這對於想要投資賺錢的人而言，是一個很重要且很基本的關鍵。

●一般人所談的直覺都是單純、沒有受過訓練的直覺。

例如護士芭比看到今天天氣晴朗，就說「今天天氣很好，我一定會有豔遇，我的直覺向來很準。」結果等了一天都沒有，這讓芭比非常沮喪。此一類型的直覺有點像是成語「守株待兔」的感覺，過去曾經在這樣美好天氣的時候，發生了一場刻骨銘心的豔遇，所以大腦中建立了下面這一種模組：

A（天氣好）⟶ B（豔遇）

所以當天氣好的時候，加上氣候有一些接近，就喚醒了當年曾經發生的豔遇事實，這樣子的直覺沒有意義，因為太簡單了。豔遇與天氣好只是偶發性的同時存在，兩者很難建立因果關係。

●直覺是需要「長時間」且「專業」訓練。

例如股價是否三角頂尖崩跌，過去一百個案例中，可能會出現：

①融資使用率過高
②天線
③高潮弧形

每一種現象都可以找到完整的數據進行分析，但需要不斷地驗證，像是為何高點容易出現天線？每次看到天線，就搭配相關數據補強，思考出現的緣由，可能是因為有部分持有者認為是高點而大賣……

不斷地思考，慢慢會在大腦中建立一套完整且複雜的天線模組。如果只是學習高點出現天線代表反轉訊號，卻不去深思背後可能的原因，當 A → B 本來是可能會發生，卻變成絕對發生的機械式操作，賠錢的機會將會大大增加。

有專家喜歡用地震來形容泡沫現象，個人則喜歡用性行為的高潮來形容三角炒作，當高潮點快到的時候，震盪變小，最後那一個階段必須要一口氣達到，所以震盪會變小。但是有時候高點很難抓，因為高點未必達到高潮，高潮也可能有很多次（女性，做頭的概念）；可是一旦高潮過了，全身虛軟，特徵值就更明顯，反而比較好抓。

換言之，抓高點比較多變數，但抓空轉折點就容易了。

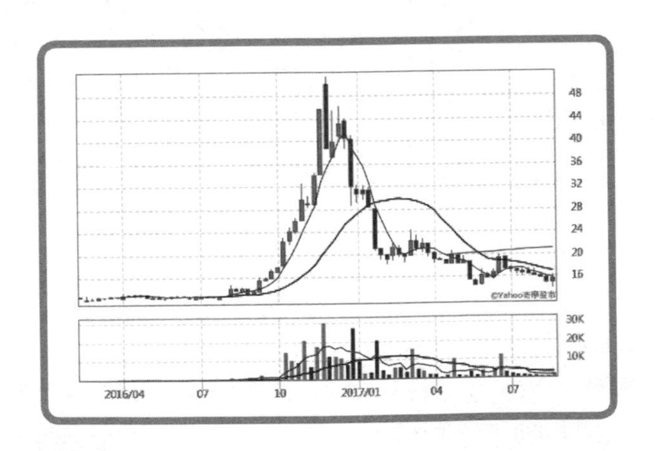

◎沒有直覺可以嗎？◎

接著，很多朋友問我，近來許多書籍都強調理性的重要，是否可以只要理性看數據不要靠直覺？

大腦發展迄今，算是一套運作效率很高的電腦，會隨時把多重因子放進大腦中進入運算，像是騎腳踏車一樣，剛開始騎腳踏車的時候，往右邊傾斜，知道要往左邊移動；往左邊傾斜，知道要往右邊移動，只要左右平衡能應付，這就是學會騎腳踏車的模組，不必再去思考即可順利上路。如果還要思考往右邊傾斜時，要往左邊移動；往左邊傾斜時，要往右邊移動這些細節，根本無法騎車。

頂尖網球場上有一則笑話，當你打不過對手的時候，跑上去用崇拜的語氣問對方：「你的網球技巧比我還要高超，請問你轉動手腕幅度幾度，才能有此效果？」這時候對手就不知道該如何打球了。所以，上場比賽前要提醒自己深呼吸放鬆，忘記理性的分析，把平常嚴格訓練的成果，透過潛意識發揮到極致，不要用理性去影響感性的運作。

直覺是有必要的，就像是你的理性知道要分析五種數據，可是數據攤在你面前，你不靠直覺（現在可以透過程式分析），單靠理性分析卻是很困難，不知道會花多久時間才能完成；如同籃球選手一樣，帶著球準備攻入敵營，面對著不同的防守陣式，訓練好的直覺，可以在多種變數同時出現的時候，馬上做出最佳的判斷。

再來舉一個例子，有一位當鋪老闆大毛哥，擁有 20 餘年鑑定古玉的經驗，有天來了一個面貌憔悴、看起來 40 幾歲的男子，似乎很久沒吃飯了，雙手顫抖地拿了一塊深色的玉要典當。大毛哥拿起了這塊玉審視，彎曲的刻痕可以肯定有點年代；一邊端詳、一邊心想對方一定很缺錢，這次有賺頭了。

因為擔心拿到假玉，想要賺錢的念頭並沒有沖昏了頭，拿出壓箱寶的數種儀器來協助肉眼判斷真偽，所有儀器的輔助判斷，都顯示這塊玉

應該是真的（理性判斷），但是不知道怎麼回事，腦中似乎有一種聲音告訴自己不太對勁，卻又說不出來哪邊不太對，最後還是拒絕典當。

最後，聽說有同行接受典當，拿到這塊玉的時候，心中感覺也是毛毛的，輾轉經過幾位專家鑑定後發現真的是假貨，是用一些化學材料造假，這位同行因此損失了一筆錢。一個無助的中年男子，是真的無助？還是看似無助？到底是什麼偽造技術，居然可以騙過分析儀器？

當時大毛哥多年的直覺讓他避免損失一筆錢，大毛哥回頭想想，全都是一種怪怪的感覺，但又說不上是什麼直覺，就覺得一般來說不太可能遇到這麼完美的一塊玉，每一台儀器都顯示出完美數據；這就好比宅男遇到一位 26 歲美女主動要求馬上上床，或是路上有人要送你金條，這些都要特別注意是否有鬼。

◎如果沒有主管◎

同樣的問題也會出現在企業內部組織。舉例來說，我有 3 位同仁負責分析資料，每天大約會有 90 件的工作量，每人分配 30 件，每件所花的時間大約 20 至 30 分鐘，1 天 8 個小時的工作時間根本做不完，即便每天加班還是很吃力，因此同仁們都叫苦連天。

這些分析資料的工作，每一件都會向上呈報，透過上級主管的再一次分析以避免錯誤發生。這就好比是打官司一樣，一審二審又三審，還有再審與非常上訴，也都是怕下級審判經驗不夠，所以透過科層化結構組織，讓經驗老到的長官能夠審視下層機關的決策是否失當。

只是這些分析資料的審核工作，居然有五層。

3 人分擔每天 90 件的資料分析工作，上級長官也苦不堪言，每個人都要分擔 90 件的審核工作，雖然工作比較輕鬆，但光是按審核鍵，也是一件很耗時間的事情；況且這些上級長官也不是只有審核的工作，但光是審核這件事情，就可能因為負擔量過大而無法善盡審核的功能。更何況長官應該是帶領整個團隊走向正確的方向，還要點出重點目標、驅策同仁往前邁進，但光為了審核就耗掉很多心力，根本無力再做好長官應有的職責。

● 3 人工作 5 人審核，是非常荒謬的狀況。

如同知名網路零售商 Zappos 首席執行長謝家華（Tony Hsieh）所說：「我們在很短的時間內已經達到 1500 名員工的規模，我們需要在不失去企業創新的精神下，擺脫組織因為規模龐大所產生的官僚問題 [1]。」因此，布萊恩 · 羅伯森（Brian Robertson）在其《無主管公司》一書中提出解決過去組織結構龐大所衍生問題的方法，也就是無主管公司，透過全體共同治理的方式，就如同人體一樣，每一項器官都瞭解自己的職責，大腦就不需要時時刻刻為身體各部分的功能作決策，這樣子的管理方式使得組織策略更為靈活 [2]。

各個器官能夠在正確的訓練下，或者是天生基因既有的設定，自顧自地依照其模組正常運作，也就是直覺、自動處理的概念，跳過大腦理性的思考路徑，直接改成直覺式、自動化處理，避免耗費時間、消耗資源的缺點。

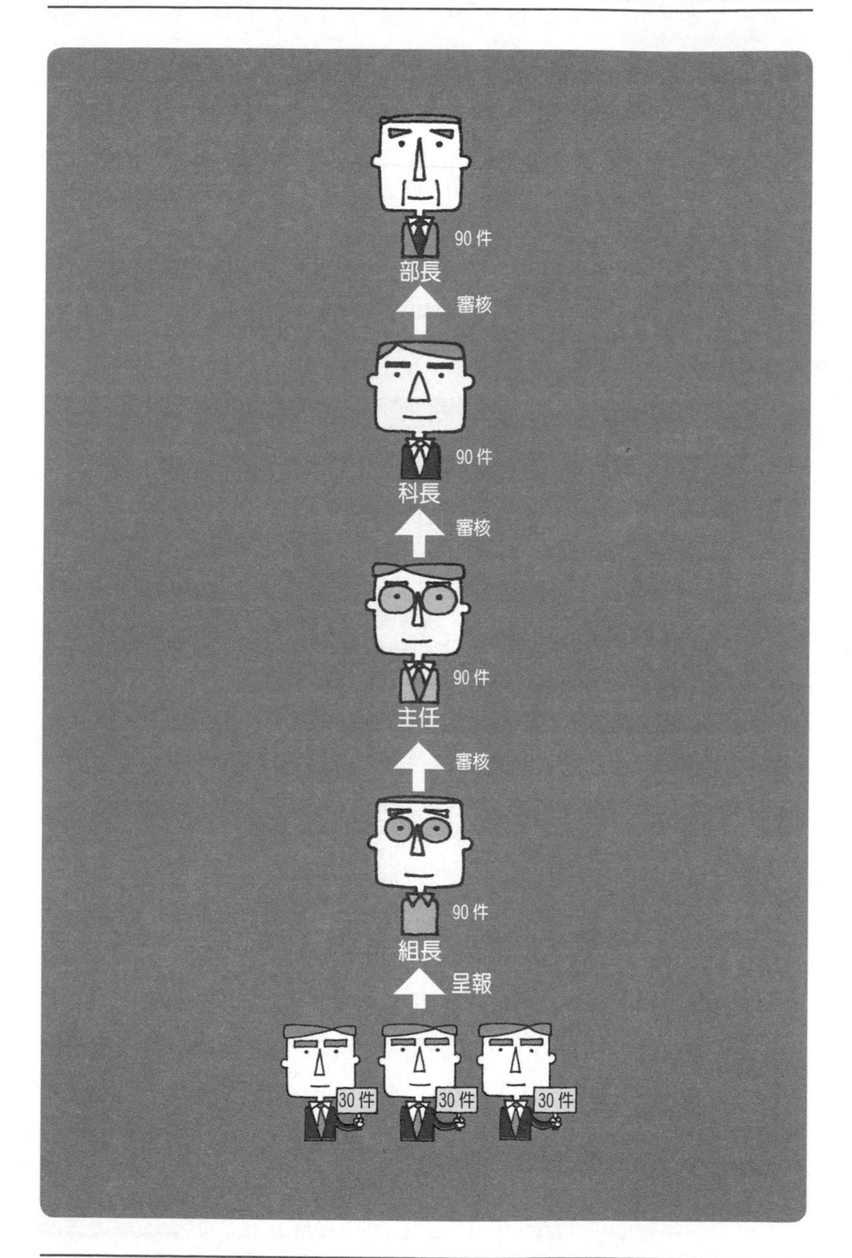
90 件
部長
審核
90 件
科長
審核
90 件
主任
審核
90 件
組長
呈報
30 件
30 件
30 件

◎投資直覺幫助自己快速決斷◎

再來舉投資為例，如何能判斷某一檔是不是有潛力的股票？準備飆的股票？或是已經飆漲完畢的股票？

一般來說，初學者會先看營收獲利的表現，可能搭配些技術線型，再進一步則看外資、投信、自營商的籌碼分析。可是真的要比較精準的話，要看看目前有沒有下列資料：

①基本面：財報（季報、年報）、財務分析、股本大小（庫藏股、增減資）、可獲利性（營利率、淨利率、配息率、殖利率）、成長性。
②籌碼：大股東、董監事、集保戶等持有比例，持有張數、融資融券。
③技術：有無噴出線、高潮弧形。
④結構性：董監改選、匯率、質押、淡旺季循環。
⑤總體經濟與政治局勢：國際金融、各國政局、兩岸。
⑥題材：可轉換公司債（CB）、併購、業外。

假設今天要做比較短線，要把每個數據都掃過一遍，可能也要花一些時間，所以如果平常就反覆看過這些數字，基本上應該可以在很短的時間內，看出特定操作手法是否能有獲利的機會。甚至於一看到圖形，就知道轉折開始，背後的故事已經能略之一二了……

如次頁圖，2016 年 9 月，因為董監改選行情，一檔本質面疲弱的大同，股價在 2017 年 5 月初最高來到 20.65，看到了天線，接著就出現明顯的轉折，股價在 5 月底，就跌到了近 10 元，已經腰斬，回到原始起漲點也是指日可待。

以我的經驗而言，只要事先知道大同欠缺基本面行情，又有董監改選行情，這時只要一看到幾個泡沫破裂的特徵值出現，就可以找操作工具放空，例如融券、股期或認售權證，透過精準的操作賺上一波可觀的利潤。

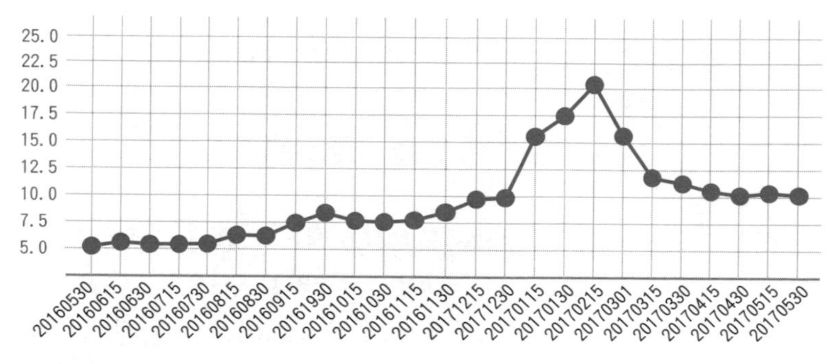

建議：

1. 經過長時間的專業訓練，加上正確的練習、偵測除錯、專家意見回饋等，就能在關鍵時刻給你一個訊息，藉此做出救命的決定。
2. 靠直覺決定事情，要確認自己的直覺受過嚴格專業的訓練。
3. 組織真的要科層化嗎？還是扮演好自己的角色即可，應該要淡化組織的層級化。我的人生真的要追求主管職位嗎？

註1、2 布萊恩・羅伯森，《無主管公司》，第33、47頁。

小心錯覺變直覺

◎年輕人亂花錢、愛出國？◎

徐重仁先生，一位資深且優秀的專業經理人，曾經擔任統一超商的總經理，並於 2012 年卸任，2014 年轉任全聯總裁。徐重仁先生於 1949 年出生，因為業已超過 65 歲，所以可以列為「老一輩」。此一用詞並非對徐先生不敬，而是嘗試將其分類到本文所提供的一些數據，以利問題的分析討論。

全聯總裁徐重仁 2017 年 4 月 11 日出席新書發表會時，被記者問到對年輕人「低薪」現象的看法，他在訪談中提到 1977 年前往日本工作，當時的月薪約新台幣 9,000 元，什麼工作都得做，還要負擔生活費、房貸等支出，但他表示只要努力工作，就會被老闆看到，以此表達體恤年輕人要耐得住辛苦[1]。此言論當然馬上被眾多網友打槍，找出當時的物價水平，新台幣 9,000 元已經是高薪了。

此外，對於徐重仁先生發表的爭議言論中，還有提到「現在台灣的年輕人很會花錢，你到國際機場看，很多年輕人出國，很少看到老一輩的人」。本文不針對出國旅遊這件事情是否正確進行討論，只想要瞭解是否真的年輕人很常出國、老一輩的很少出國；換言之，是想藉由此機會探討徐重仁先生基於主觀認知所發表的言論，是否能夠與客觀事實相符。由於許多數據皆為公開資料，分析與整理之後，就可以很容易進行比對。

◎國人出國情況概觀◎

從觀光局統計資料中，1980 年出國人次為 48 萬人次，當時人口為 1,787 萬人，出國人次占總人口比例僅 2.71%；隨著經濟發展，國人財富日漸增加，加上國際航空交通日益便捷，使得出國人次快速地增加；2016 年時，出國人次業已激增為 1,459 萬人次，占總人口 2,354 萬的 61.98%。（參照圖 1、2）

●出國人次與總人口數趨勢圖

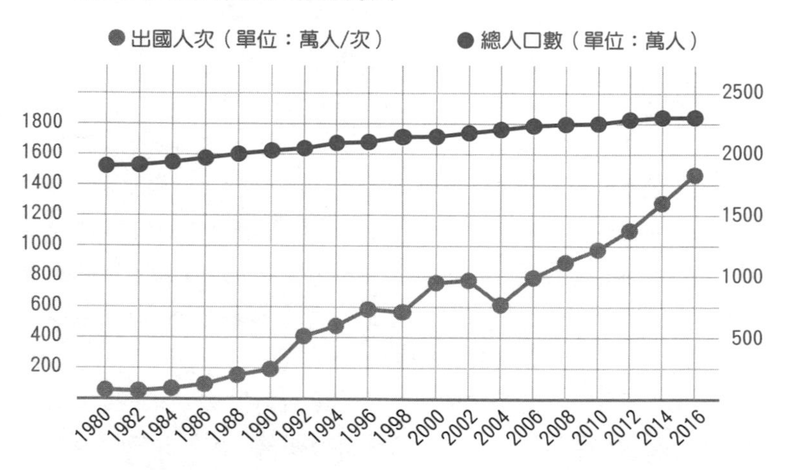

接著則是分析出國人次的各年齡數量與比例。可是在分析這些數據之前，必須要先釐清一件事情，到底有多少比例的出國目的是旅遊，這個在觀光局的資料中並沒有看到，因此只能從國外來台人次來推算合理的比例。

首先，外國人來台目的主要有業務、觀光、探親、會議、求學、展覽、醫療與其他，如果將業務、會議、展覽三個項目加起來計算，2015 年來台旅遊人口 1,044 萬人中，此三項目共計 83 萬人，約占 7.98%。但因為並沒有年齡、來台目的之交錯資料，所以出國是為了業務、會議

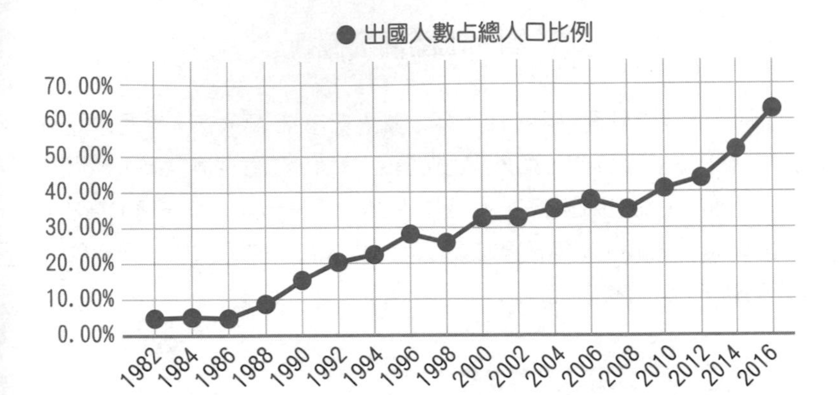

或展覽等公出行程（以下簡稱「因公行程」），還是為了純玩樂（以下簡稱「玩樂行程」），與年紀大小之間的關聯性就找不到資料。

其中包括香港、澳門、中國大陸、日本、韓國、大洋洲、東南亞等區域，因公行程的比例都很低，大約都在 20%以下，代表旅遊比較有「地域性」，較會前往交通方便、近的地區；愈遠的話，公務行程會提高許多。此一數據也符合個人經驗，有一次到英國出差，雖然美景讓人難忘，但來回單程大約 20 小時的飛行時間，實在讓人吃不消，坐在狹小的經濟艙，有了再也不來英國的念頭。

從我國出國目的地的數據來看，於 2010 至 2015 年間前往亞洲地區的人次比例在 91 至 94% 之間，符合近距離出國的現象。以 2015 年的出國目的地統計人次排序來看，4% 以上的國家依序為大陸 (27.80%)、日本 (21.23%)、香港 (18.45%)、韓國 (4.69%)、澳門 (4.66%)、泰國 (4.59%)，所以推測出國的因公行程比例較低，還是以旅遊為主；未來若是找到有年齡與出國目的的資料，再行分析有無可觀察的現象。

◎哪個年齡層出國比例最高？◎

目前觀光局所提供的出國人次統計，以年齡層分成未滿 12 歲、13 至

19 歲、20 至 29 歲、30 至 39 歲、40 至 49 歲、50 至 59 歲、60 至 65 歲與大於 66 歲等八個年齡層，茲將 2015 年度的資料整理如下圖後，很明顯地發現 30 至 39 歲的出國人次最多，高達 307 萬人次；接著二、三名依序是 40 至 49 歲的 272 萬人次、50 至 59 歲的 245 萬人次；20 至 29 歲排第四，僅 183 萬人，而 60 至 65 歲排第五，有 106 萬人次。

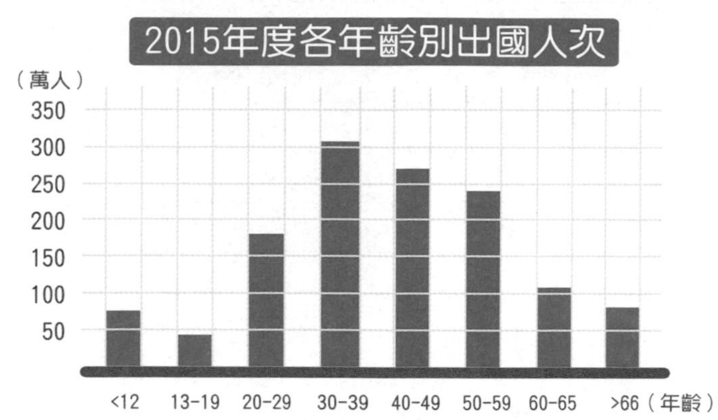

只是實際上單就人數統計來看還是有可能產生誤判，因為 60 歲以上的出國人次雖然總量比較少，才 188 萬人次，但可能那個階段的總人數也很少，占比反而很高。因此，我試著參酌 2015 年單齡人口，整理如以下圖形及次頁表格：

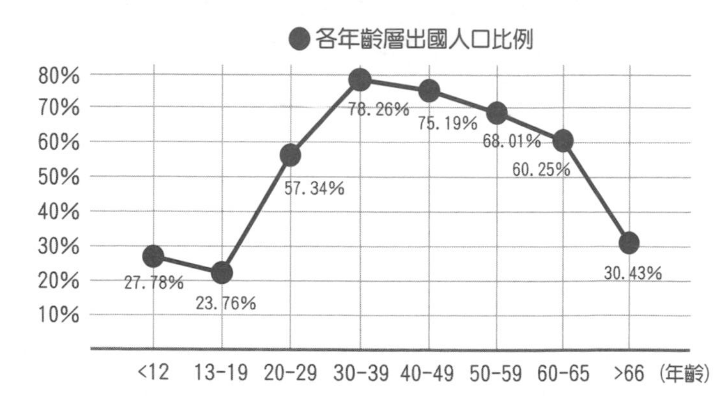

2015 年出國人次與人口總數、比例表			
年齡（歲）	出國人數	人口總數	比例
小於 12	745,673	2,684,539	27.78%
13-19	475,871	2,003,076	23.76%
20-29	1,829,302	3,190,390	57.34%
30-39	3,073,192	3,926,998	78.26%
40-49	2,721,871	3,620,156	75.19%
50-59	2,454,190	3,608,663	68.01%
60-65	1,063,116	1,764,650	60.25%
大於 66	819,761	2,693,602	30.43%

其中將比例的部分製作圖表，會發現一件有趣的事情，60 至 65 歲出國人次占該年齡總人口數的 60.25%，使得總排名由第五晉升到第四。其實這樣子的數據是正常的，退休年齡大約 60 歲，甫退休之際，若是有閒錢又還走得動，當然就儘量多出國走走，此乃人之常情

●人數的錯覺

讓我們假設目前身處機場的環境，看到一堆年輕人（未滿 30 歲）搶著要出國（高達 305 萬人），耳鬢花白的老人 (60 歲以上）少了許多 (188 萬人），比例大約是 1.62：1，單純從人數上來說，很容易產生一個錯誤的印象，而說出「現在台灣的年輕人很會花錢，你到國際機場會看到很多年輕人出國，很少看到老一輩的人」的評論。

尤其是 1977 年赴日工作的徐重仁先生，當時總出國人次大概才占總人口 3%。徐先生是一位出生在很少人出國世代的優秀人士，等到邁向老年時，看到機場滿滿都是人，而且放眼望去以年輕人居多，自然有一種錯覺。

只是各年齡層的出國人口相對於各年齡層的總人口，未滿 30 歲的出國人次雖然高達 305 萬人次，但是該年齡層總人口數高達 788 萬人，出國比例僅約 38.73%；雖然 60 歲以上出國人次僅 188 萬人次，遠低於

未滿 30 歲的出國人次，但其實 60 歲以上的總人口數也較少，只有 446 萬人，換算成比例就高達 42.23%。

換言之，前述評論可能要修正一下，改成「老年人應該把握出國的機會，還能走就要儘量出國走走；年輕人要多學老年人，趁年輕多去看看世界，不要成為窩在台灣的井底之蛙」。

跨世代的對話，請以正確的客觀數據為基礎。

優秀如徐重仁先生，也一樣會犯認知判斷的錯誤。過去的經驗會保留在我們的記憶中，對客觀環境中溫水煮青蛙的變化，感受上也較慢，而總是以過去的經驗來判斷；因此，有可能自己的直覺已經舊了，必須要隨時更新自己的「直覺資料庫」，才能避免讓錯覺變成了直覺。

建議：

1. 不要以過去或現在的經驗去盤算未來的發展。
2. 透過客觀數據的輔助分析，可以減低主觀錯覺的失誤現象。

註 1 徐重仁要年輕人忍耐低薪？全聯正式回應……https://udn.com/news/story/7238/2399423。

機率思考

◎汽車延長保固划算嗎？◎

我開的車子是 Toyota 的 RAV4 休旅車，有一次回原廠進行 5 萬公里保養，服務人員半蹲半跪地抄寫今天的保養服務單，介紹可能會進行的項目；甫介紹完畢，從資料底下抽出了一張廣告單，推銷一項只要多繳 12,000 元，就可以延長保固到 5 年或 14 萬公里（看何者先到）。

這種推銷往往都是突發式的，讓消費者沒有太多思考時間，可是金額其實不小，要氣魄地立馬說買還是很難，這時應該要撥打一下算盤，考慮這種延長保固的費用值不值得支出。

腦中很快閃過一些問題，一般消費者很難理解是否划算，因為延長保固的費用是否划算，牽涉到保固範圍的零件價值，以及某一段期間內零件的損壞率，兩者相乘出來即可得期望值。只是零件故障率的數據掌握在車廠，我們並不知道一輛 5 年內的車子，重要零件會出狀況的機率到底有多高？

我曾經在 2006 至 2011 年間，開車往返台北、嘉義之間，1 年的里程數高達 4 萬公里，相當於每天開 106 公里，如果以每小時時速 60 公里來計算，幾乎每天都有接近 2 小時會窩在車上；每年 4 萬公里，5 年就可以達到 20 萬公里，主要零件壞掉的機率比較高。

博士班畢業後，不必南北奔波，5 年才開 10 萬公里，以目前材料的穩定度來說，如果都在原廠保養，主要零件要換還真的很難；更何況很多朋友 1 年才開 1 萬公里，5 年也才 5 萬，相對於我而言，簡直就是新車，會使用到延長保固的機會並不高。

換言之，每個人開車習慣都不同，保固範圍內的零件故障率並不清楚，但我們可以從公式倒推出故障率……（假設重要零件保固，20 萬）

200,000 元 × 故障率% = 12,000 元（期望值）
故障率 = 6%

我的車子已經開了 3 年，5 年看起來會比較先到，原本只有保固 4 年，多 1 年的保固，距離現在還剩下 2 年，重要零件保固的範圍會高達 6% 嗎？對於一輛一直都在原廠保養的車子，雖然沒有找到這些資料，但很少聽到正常行駛的車子，5 年內引擎、離合器等主要零件有損壞的情況，看起來應該不會有 6% 那麼高。不過還是上網查了一下，有些數據指出 4%[1]，有些數據指出 Toyota 引擎的故障率為 0.58%[2]。

換言之，買下去有可能就像把錢丟到水中一樣，因為發生的機率並不高，或者是依據發生的機率，12,000 元的代價過高；這讓我想起若是台灣北部沿海因為地震引發海嘯，核一、核二廠該怎麼辦？機率雖然不高，但是南亞海嘯、日本 311 地震引發海嘯也波及到核電廠，殷鑑不遠，即使機率極小，但只要有一丁點發生的機率都無法容忍。

好險，我們開的車子如果發生損壞，維修再貴也不過就是一台車子的價格，超過一台車子的價格還不如直接換一台，極少會為了要把車子修好，而花費超過原始買進汽車的價格；因此在故障率不高的情況下，買延長保固的期望值應該不高。

◎期望值的概念◎

對於不確定事件的結果，可以藉由「每次可能出現的結果」與「發生機率」，求得一個期望值來衡量。例如一位算牌高手飛哥，在賭桌上與人玩翻牌比大小，贏的人可以拿 100 美元。飛哥有特別記牌，發現還剩下 5 張牌，分別如下：

本局發牌後，飛哥拿到 6，對手拿到一張不知名的牌，如果對手拿到 A、K、10，飛哥就輸了 100 美元；如果對手拿到 2，飛哥就贏得了 100 美元。

機率　1/4　1/4　1/4　1/4

換言之，飛哥輸錢的機率高達 3/4，贏錢的機率就只有 1/4。

期望值 = 100 ×(-3/4) + 100 × (1/4) = - 50

如果也不能先看牌再押注，經過期望值的計算，看來這一局最好先放棄。所以，透過「每次可能出現的結果」與「發生機率」相乘算出的期望值，可以協助自己做出決策。這就是機率思考的好處，我們必須要學會一些統計的概念，搭配一些數學的基本工夫，就可以幫助自己做出一個比較合情合理的選擇。

建議：

1. 開始學一些統計、機率的概念，可以協助自己分辨政府統計數據的正確性與意義。

註 1 Top 10 Car Models With Low Failure Rate, http://www.iresearchchina.com/content/details7_22840.html.
註 2 Warranty Direct Reveals UK's Least Reliable Engines, 3 German Brands Among the Worst, http://www.carscoops.com/2013/01/warranty-direct-reveals-uks-least.html.

小數據中的不平衡點

◎澀谷的優良風俗◎

忘記是第幾次到日本東京旅遊的時候，有一天來到了澀谷區，澀谷車站非常複雜、出入口相當多，但我喜歡從車站的大門口出去，因為車站大門外就是人潮最洶湧的十字路口，可以體會到過馬路人潮的震撼，這一種感覺在台灣很難體會。因為澀谷算是一個重要的商業區，上班通勤人口大概是當地居住人口的 2.7 倍，接近 55 萬人，說多也不算多，但車站前的路口卻會讓人有壯觀的感覺。

走出車站大廳，一眼望出就是環狀的廣場，前方有許多紅綠燈的十字路口可以走到對面熱鬧的商業區，但是要等待一下，在數十秒等待的過程中，自己站立的這一邊與對向準備到地鐵站的人潮都是烏鴉鴉的一片，該怎麼形容呢？應該是每一方位都高達 300 人之譜，此處以每天多達 200 萬人次的行人穿越量而成為觀光勝地，甚至被譽為「世界上最大的交叉路口」[1]。

我第一次到這個重要的商業重鎮時，被巷道內衆多的「優良風俗」、「無料案内所」店家給嚇到，一開始實在覺得很納悶，不是台灣戒嚴時期才有的標語，怎麼日本更是如此強調「優良風俗」，也難怪人稱日本是一個最富而好禮的國家。可是後來慢慢發現不太對勁，怎麼日本怪怪的店都跟優良風俗有關係，也時常有打扮特異的男生跳出來攔住你，希望你能捧場一下。日本語溝通並不好的我，實在是聽不懂要拉我去捧場燒肉店，還是要去體驗一下日本的風俗店。

談到這裡，就不得不說蓬勃發展的日本 AV 產業。雖然日本人九十度鞠躬，有禮到讓人覺得假假的，談到性話題時，也總是害羞臉紅的模樣；但是日本的電車痴漢、風俗、AV 產業卻是亞洲最為興盛，A 片更是全球最大產出國，2014 年的產值是 4,000 億日幣，女優人數更高達 8,000 人，最興盛時年產 2.5 萬支影片[2]。

台灣則是完全相反的調子，嘴巴談性很開放，但是趕說卻不敢做。即便大法官會議第 666 號解釋於 2009 年 11 月 6 日公布，宣告罰娼不罰嫖違反公平原則，並促使社會秩序維護法增訂可設置「性交易專區」，專區內性交易並不違法，但現在卻沒有一個縣市敢設立專區，目前專區數字是 0；我曾多次透過專欄的方式，力倡「台鐵性愛列車」來解決單一縣市不願意設立專區的問題，迄今業已近 10 年，還是無任何縣市願意接受，或提出其他解決方案。

日本：口頭保守，但行為奔放。
台灣：口頭奔放，但行為保守。

◎沙烏地阿拉伯的一盒衛生紙◎

2016 年 11 月 15 日受沙烏地阿拉伯之邀，參加一場兒童性剝削的研討會，代表台灣發表一篇文章「台灣兒童性剝削防制發展與現況」[3]。當時的王儲穆罕默德・本・納伊夫（Muhammad Bin Nayef）呼籲建立一個網路安全中心，以保護處於性剝削危險之中的兒童。

因為有王儲蒞臨，會議期間冠蓋雲集，安全部屬也很森嚴。場地與住宿安排在麗池酒店，朋友聽到是五星級頂級飯店都很羨慕。不過也沒啥好羨慕的，沙烏地阿拉伯基本上是沒有旅遊活動的國家，出了飯店就是黃土色的沙漠，沒有車子接送，幾乎可以說是豪華監獄，寸步難行。

沙烏地阿拉伯人是很特殊的民族，參加他們所舉辦的活動，必須要隨時跟主辦單位緊密接洽，否則可能會被態度鬆散的主辦單位忘記，淪為活動中的棄嬰；可是積極詢問研討會的安排與進度，他們總是說沒問題、阿拉自有安排，但總是不知道安排在哪裡。所以，早餐、午餐、晚餐要吃什麼？不知道；出去就是沙漠的飯店，又不像是台灣出門都是便利商店，只好到一樓皇宮般的餐廳吃高貴很貴的把費。

此外，有一件事情讓我一直不解，那就是研討會的贈品。

在報到的第一天發了一個很精緻的白色手提紙袋，裡面有一個代表兒童的小娃娃，還有一些一般研討會也會附的資料，像是現場手冊、光碟片，除了這些物品外還有一個經典禮品，外觀是扁長狀的紙盒包裝，有點像台灣辦活動時所贈的餐盒；因為實在是看不懂沙文，想說有錢的沙國人禮物應該很精緻，或許是什麼精美的鋼筆，還是什麼有紀念性的禮品。

回到飯店，在好奇心的驅使下，立馬雙手伸出準備打開，可一瞧便瞪大雙眼，這個經典禮品打開的方式居然和面紙盒一樣，上頭有一個長橢圓形、可以下壓的開口。當時心中覺得很納悶，什麼東西的打開方式跟面紙盒一模一樣？

打開之後，真的是「面紙」一盒！實在讓人非常驚訝，到底是發生了什麼事情，要不要問主辦單位是不是放錯紙盒了？當然我不敢問這種問題。後來私底下詢問了我國駐當地的外交人員，他們也只能猜測是不是當地水資源、衛生紙都屬於稀有物品[4]；總之，因為面紙很稀有，所以視為珍貴的禮物。

後來想到，上一次離境的時候，走到出境大廳，發現許多辛苦又可憐的外籍勞工在機場行李檢查時的特殊待遇，被櫃檯人員要求打開行李檢查，只見行李箱中裝的不是什麼昂貴的禮品，而是滿滿的「捲筒衛生紙」，一捲一捲地塞進行李箱中的小小空隙；當時，不知道什麼原因，機場人員似乎對行李內的物品非常有意見，不斷高聲斥喝，是不是覺得外籍勞工到處偷取捲筒衛生紙呢？

回想起當時偷瞄到行李箱滿滿的衛生紙捲，再比照今日收到的面紙盒，似乎有一定的關聯性，衛生紙在當地應該有什麼特殊價值。當然事後也連上中華民國阿拉伯文化經濟協會網站瞭解一下，歐洲國家平均每人每年用掉 160 捲衛生紙，沙烏地阿拉伯 45 捲[5]；雖然數字差距很大，但還是有一定的用量，仍有一定的成長空間；台灣的衛生紙價格非常便宜，我相信沙國的衛生紙如果不是很貴，就是有著特殊的文化意義，應該有一定的市場可以開發。

大多數人若是遇到這起「一盒衛生紙」事件，過不久可能就會逐漸淡忘，但我已養成將異常事件記錄在自己檔案中的習慣，並嘗試找一下原因；如果現在暫時找不到也沒關係，過一段時間，只要願意持續觀察各國文化、細節，應該就有機會找到答案，而這個答案可能就是賺錢的契機。

◎發掘各地的文化細節◎

很多支微末節都可以發現各地的風俗文化，譬如說喜劇電影「中央情爆員」中，由巨石強森主演的史東與迷你哈特所飾演的黃金噴射機，巨石強森身材高大，常常擁抱黃金噴射機表達善意，但同為男性的對方卻常常問「你在幹什麼？」原因很簡單，因為在美國不能隨便碰觸對方，碰觸這件事情與性有關，甚至會被認為有同性戀的疑惑。

我並沒有去過美國，這倒是不打緊，但喜歡蒐集各種經典好片，現在因為盜版猖獗，反而讓正版價格異常便宜，3 片 100 元比比皆是，蒐集一些億萬資本打造的片子，要放幾次就放幾次。從劇情中可以觀察到許多文化上的差異，成為自己挖掘各種文化的切入點，並藉此創造出好的產品。

回到碰觸這件事情，若是在台灣，適當的碰觸是一件好事，比較不會有這種擔憂；但美國這種反應也與一般的印象不太一樣，一般人認為美國是一個熱情奔放的國家，像兄弟般的擁抱應該自然不過，可是從許多書籍的評論上來看，發現美國社會只有在像是美式足球之類的陽剛運動，才可以進行碰觸、擊掌、摔角、擒抱與擁抱的行為，實在是讓人難以理解[6]。

文化細節的觀察是開發市場需求的基礎，如果是自己熟悉的領域更好。

我熟悉的主要領域是法律，自 2000 年開始研發法律專屬的圖解書系，成效非常顯著。當時一開始的想法，主要源自於習慣使用詰屈聱牙文字的法律教科書、國家考試都排斥以圖解的方式呈現，論述問題時，喜歡以文字介紹立法背景、國際立法參考，並談到嚴謹的德國與日本學說，最後再提出自己覺得最好的見解，不喜歡圖解，也不太習慣使用數據，完全就是哲學論辯的那一套。

各位可以連結上司法院的「法學資料檢索系統」，瀏覽一下法院判決的格式，可以發現幾乎都是文字描述，雖然架構很清楚，可閱讀性卻非常低，要把一個判決從頭到尾看完，那真的是一件很痛苦的事情；這種法律人專屬的文字論述方式，著實讓人捉摸不定，總覺得法律人很會講話，言談之中充滿四平八穩的論點，只是聽完之後又好像什麼都沒有講過。

無論是民族、學科的文化差異，都可以找到需求端，透過一些小小的數據觀察，可能是人與人之間的碰觸，可能只是沙烏地阿拉伯帶回來的一包衛生紙，或者是優良風俗的招牌，純文字的法律人利用這些小數據，可以有效幫助供給端創造出適合的產品。

建議：

1. 可以透過旅遊、看電影，發現許多文化上的細微差異點，藉此培養自己的觀察力，並成為尋找創造有利商品的基礎。
2. 找到自己熟悉領域的小數據，開發有其利基的縫隙市場，甚至可以找到尚未被發現的藍海市場。

註 1 全球最繁忙路口在東京，每天 200 萬人過馬路，http://www.epochtimes.com/b5/16/11/28/n8534614.htm。
註 2 日本 A 片市場產值萎縮，AV 女優「狂被操」卻成血汗勞工，http://www.ettoday.net/news/20160116/631369.htm。
註 3 Saudi holds conference to fight child sexual exploitation, https://www.middleeastmonitor.com/20161118-saudi-holds-conference-to-fight-child-sexual-exploitation/.
註 4 馬汀 ‧ 林斯壯，《小數據獵人》，第 76 頁。
註 5 中東人的衛生習俗，http://www.sinoarabian.org.tw/main.php?nLv0No=67。
註 6 馬汀 ‧ 林斯壯，《小數據獵人》，第 64 頁。

尼歐眼中的世界

◎修練火侯與投資水位◎

有少數的投資案例中，自己 95% 確信可以「必賺」，期望值也不錯時，就可以下場投資一下；譬如說我這幾年研究的泡沫現象，學習之初對於有些點位的特徵值不是很有把握，隨著經驗逐漸增加，慢慢就看懂了泡沫，什麼時候起漲、什麼時候轉折，基本上泡沫的圖形能看出大衆投資心理的狀況。

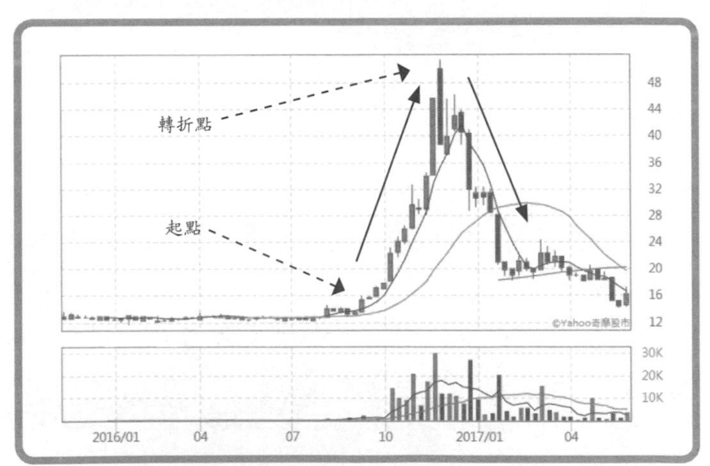

泡沫的起點可以做多，泡沫頂點的轉折可以放空，有些點位的特徵值很明顯，只要研究透徹，自然對方向很有信心。只是起漲點有如高潮一樣，有時很難判斷，也就是說高點之後是否還有高點雖然有指標可以判斷，卻很容易判斷錯誤；但是反轉向下時就不同了，一副疲軟沒力的

樣子，一股作氣再而衰、三而竭的特徵，反而比較好判斷。

如果像電影「駭客任務」中的尼歐，可以看穿 0 與 1 的世界，而且自信可以接近 100%的趨勢與走向，那自然值得操作賺取一定的利潤。只是要達到尼歐的境界，必須要不斷地努力，並且對於數字有很高的敏感度，否則在這個對放空比較不友善的投資環境中，放空的勝率不只是要超過 50%，最好能有 90%的確信，才值得去放空。

投資金額不大，賠光就算了；若操作金額大，心理素質就要夠。

空城計中，孔明派兵馬前去搬運糧草，忽然飛馬來報司馬懿引 15 萬大軍來襲，見城中只有老弱殘兵數千，衆將官不知如何是好；孔明定神思考片刻，居然大開城門，親自披鶴氅、戴綸巾，帶著兩位小童、攜琴一張，登上城門憑欄而坐、焚香操琴，故作鎮靜。當司馬懿率大軍臨城下時，見此光景反而思考再三，認為孔明生平謹慎、不曾弄險，大開城門，必有埋伏，於是率領兵馬退去。

投資的修練如果不夠，在操作生死交關的大筆交易金額時，雖然賠的比率（%）不會太大，可是金額卻是小額投資的數十、數百倍，這時就很容易因為擔心虧損而操作錯誤。

我一開始也是慢慢修練，慢慢地，修練到了一定的火侯時，每天帳面波動十萬、百萬，甚至是更高的波動，也不會莫名其妙地後悔，逐漸可以駕馭較大的金額。

有時碰到很棒的機會，或許有人會說機會難得，如果不全梭哈，實在太可惜了；但是否梭哈也要看修練的程度，是否可以迎戰程咬金的突發狀況，譬如本來看空卻來個政府金援、同業併購、搶到大單，或者是本來看多，卻來個 311 海嘯、921 地震，都可能讓一檔本來應該跌到谷底的股票，瞬間翻身向上，而一檔即將飛上枝頭當鳳凰的股票，卻突然掉入十八層地獄。

心智還沒有修練到一定程度，尤其是專業知識不足，只搞懂一小部分的知識卻自認高手中的高手，很容易被偶發事件軋空到天邊，整個10 年的修練在一瞬間破功，又要等到平靜時刻重新一點一滴修練，再次找回那 10 年的功力。

◎寂寞的學習高原期◎

人性不會改變，機會永遠存在。

以前曾經養過一隻可愛毛茸茸的雪納瑞，才剛出生沒多久，第一次養狗的我很疼愛牠，所以買了小貴的狗食來餵食，結果一直吃一直吃，搞不清楚狀況之下以為小狗很能吃，又不斷地餵食；結果有一天晚上忽然發現狗狗有異狀，於是趕緊帶去獸醫院，醫生皺了眉頭表示小狗吃太多了。

動物就是這樣子，為了延續生命，所以內在有一種「追求更多」的模組；人類也是很奇怪，喜歡吃到飽，以為吃更多等於賺到，其實是導致腸胃傷害的原因之一；但這些都是所有動物既有的基因，是為了延續生命而演化來的。因此，人類的大腦中一直存在著一些既定的心魔，也是基因上原始的自我保護機制，必須要學習與之共存，如果心魔無法控制，行為也會無法操控。

我因為不是財經科班出身，在學習理財的過程中常遇到瓶頸，如同均線糾結與盤整打底階段，有時會一直無法突破；但這個時候千萬不能放棄，還是必須堅持累積突破的能量，持續學習下去，如同厚實的玻璃上放了一些物品，當物品的量愈來愈多時，總有一天能壓破這道厚厚的玻璃，只要有一絲絲的裂痕，很快就整塊玻璃破碎。

讓我們想像一下站在一大片玻璃上墜落的感覺，一開始只有聽到一些玻璃碎裂的聲音，玻璃有了一點裂痕，好像玻璃還撐得住；這時候雙眼往下望，玻璃下方是 200 公尺的深淵，一跌下去可是會粉身碎骨，不禁背脊發涼、手軟腳軟；因為剛剛那一下的撞擊而使得只要稍稍移動，玻璃就像蜘蛛網般破裂得更厲害。雖然玻璃一時不會穿破，但能量會累積到突破點，只要一突破那個點，鏘鋃一聲，玻璃就破了。

這是一個我常思考的夢境……

學習也有很多的待突破點，能量的累積是需要時間，或許可以透過好的老師節省這一段時間的長度，但還是需要時間來改變自己的大腦，只是時間長短的問題而已；持續下去，熬過一段寂寞的高原期，滴水穿石，總是會有突破的一天。

如果您還在突破點前掙扎，要瞭解學習階段是寂寞的、大腦是渾沌的，在學習高原期要再有新的突破，必須累積足夠的能量，才有更強大的成長。如果有著類似的渾沌感，請耐心地再等一下，成功就在眼前。

◎找到飆股的特徵值◎

如果能抓到飆股，永遠買在起漲時、賣在最高，不就可以把股市當提款機來用了嗎？

大部分的投資人都想要學會這個招數，可是又不太想花時間學，希望有「簡單」的策略可以準確判斷，於是很多市場上的老師開設各種「策略」課程，常聽到像是均線糾結、黃金交叉、多頭排列、帶量上漲等名詞，有些會加上基本面、籌碼面，這些參考指標可以整合成很多策略，然後許多老師就開始賣策略了。

只是太多策略可能會讓學習的過程變複雜，又有許多人開始簡化判斷基準，還有人用兩條線就可以賺大錢，然後又有人提出只要一條線，愈簡單愈好，像是單純以「季線」來判斷，或是以統計的概念出發，例如「布林通道」，以標準差與平均線的概念來解析出現機率，再決定進出場的時間點。

大多數人在學習這些判斷點時，不太瞭解這些策略的原始意義，只能公式化的機械操作，做錯了就停損；我認為這些策略都有其定義與限制性，像是「布林通道」的核心概念是標準差，兩個標準差以外出現的機率低於 5%，如下圖，樂陞（3662）大多數的時間是在「布林通道」的上下軌道間擺動，但是在 2016 年 7 月的時候，發生日商百尺竿頭不收購，因此造成股價一瀉千里，這時就不再能用標準差的概念來推算出現的機率。

實際操作還要考慮「人性面」的影響，一檔 10 元的股票，未來可能漲 10 倍來到 100 元，如果已經漲了 1 倍，在 20 元的時候是否願意買進呢？大多數人不會，因為 20 元在起漲之初已算「相對」高點，人性喜歡「比較」，卻不喜歡實際測量；換言之，因為是「相對高點」，所以拒絕進場，而選擇跌回 10 元時再買進；但很有趣的是，當從 20 元跌回 10 元時，反而不買，因為擔心這檔股票是不是有其他的問題，還是等到更低再說吧！

通常遇到朋友總是唉聲嘆氣，有氣勢的股票可能會看回不回，一路飆漲上去，曾經擁有的操作者只能感嘆「當初我也發現這一檔」，或者是「只有買到 2 張，還來不及多買就漲上去了」的感嘆。

個人建議，學習一個自己懂的方法，將線圖透過人性加以解釋，也就是說技術分析的線圖，可以搭配籌碼、大戶持有比率、融資使用率、個股新聞等資訊，用人性面來描述技術線圖出現的原因；並且實際去投入市場操作，修正原本錯誤的解釋，體會人性變化的奧妙，久而久之就可以變成電影「駭客任務」的尼歐。

分析線圖 → 人性解讀 → 實際操作 → 重新修正

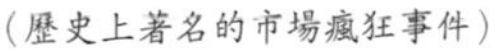
（歷史上著名的市場瘋狂事件）

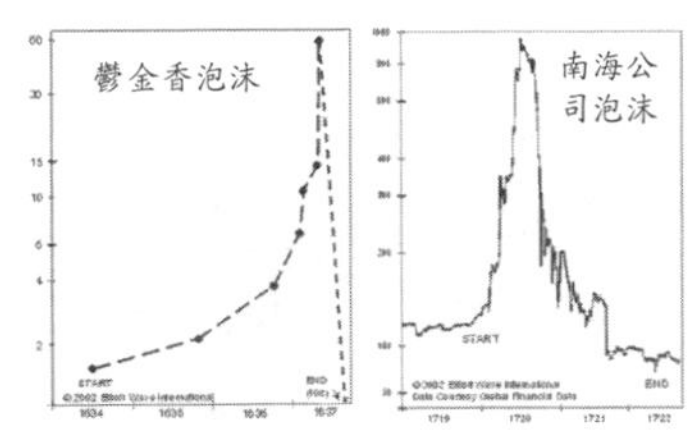

舉個例子，飆股什麼時候會到頂轉折向下，有許多特徵可以參考，像是走勢很陡，有可能市場聽到訊息紛紛搶進，如同羊群效應般，造成1637年「鬱金香狂熱」般的雲霄飛車飆漲態勢，瘋狂的投資者不管價位多高，紛紛搶進（如右圖左上）；這時候就可以觀察到一個有趣的附隨現象，高點會有成交量較低的「惜售」現象（或者是漲停成交量低），漲個二成就賣，但如果漲一倍就捨不得賣的人性現象。

尋找這些特徵值，必須要不斷地在市場上操作、不斷地修正，才能讓執行愈來愈精準，這一段學習與修練期可能會花上2、3年的時間才能夠融會貫通。如同前文提到，電影「駭客任務」的尼歐可以看穿0與1的世界，這必須經過三集電影的洗禮，最後一集才能成為救世主的角色。

我針對泡沫研究多時，對於「體質差」的股票非常有興趣，這種股票在台股市場非常多。當發生飆漲的時候，可以看出人性在線圖中嶄露無疑，反覆分析這些股票的特徵值，到最後只要看幾個關鍵，就可以推測出實際可能的高點，也可以預測出可能的跌點。

一切的成果，都必須長時間的修練。

◎後記：程式交易為何還是會暴跌呢？◎

針對前文中提到「人性面」會影響交易這個議題，有朋友提出一個看法：「現在許多人會把自己技術面的操作手法，以程式進行交易，透過程式化的機械操作，可以摒除人性的影響。」

這是一個讓我困擾許久的議題，因為從客觀事件來說，還是聽聞許多爆跌的案件，最有名的一起「閃電崩盤」(Flash Crash) 事件發生於 2010 年 5 月 6 日，美國道瓊工業指數突然無預警大跌 600 點，當天股市上沖下洗幅度高達 1,000 點，經美國主管機關調查後，發現是一位默默無名的中年交易員薩勞 (Navinder Sarao) 所為[1、2]。

薩勞透過自動交易程式先設定布下大量空單，形成空單需求增加假象、誘使其他投資人跟進，引導合約價格下跌，然後在交易成立之前迅速撤單，藉自行創造買低賣高的機會來獲利，反之亦然；在「閃電崩盤」(Flash Crash) 事件發生前，薩勞即先行敲進規模約 2 億美元的 E-mini S&P 500 期貨空單合約，占當天空單量 20 至 29%，並於午後撤單前修改訂單達 1.9 萬次。

原本在 2010 年 9 月 30 日，由美國商品期貨交易委員會 (CFTC) 與證券交易委員會所提出的聯合報告中，指向事發原因是某基金公司，報告中指出下午 2:41 至 2:44 分的一段描述……當空單出現，包括高頻交易者 (High-Frequency Trading，HFT) 開始積極賣出 2,000 E-Mini 合約，以降低其暫時性長期持有部分；同時，高頻交易者 (HFT) 業已交易 140,000 E-Mini 的合約，超過整體交易量的 33%，於缺乏基本買家或跨市場套利者足夠的需求，HFT 開始迅速購買，然後再轉售合約，產生「熱土豆效應」(Hot-Potato)[3]，相同的位置迅速來回傳遞。於 2:45:13 和 2:45:27 之間，高頻交易者交易量超過 27,000 份合約，約占總交易量的 49%，而僅購買了約 200 個額外合約[4]。

但是在 2015 年 4 月 21 日，經調查才發現不是基金公司所為，而是

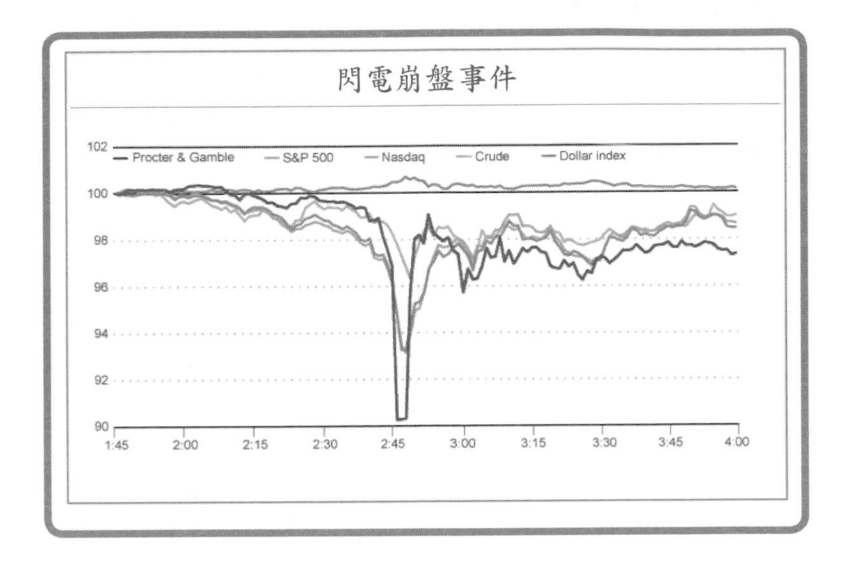

交易員薩勞所為，美國司法部宣布對其提起刑事指控，CFTC 執法總監確信薩勞的行為至少對訂單不平衡負有重大責任，是導致閃電崩潰的一個因素。5 年的調查推翻因為薩勞的行為造成市場失衡，引發衍生品合約價格大跌，波動並擴散到股市引起恐慌。美國政府調查後，於經英國倫敦警方協助後將之逮捕，並提出刑事指控。

另外還有多起疑似程式交易導致的現象，像 2016 年 11 月 16 日，爆量衝高的航運類股泡沫不幸破裂，類股慘崩，走勢最慘的是前一週一度飆升逾 21 倍，73 美元（盤中最高 102 美元）的希臘散裝航運商 DryShips Inc.，卻因為出售了 2,000 萬美元的可轉換公司債，轉換價格僅有 30 美元，導致應聲崩盤，終場狂跌 84.93%，收 11 美元；有分析師表示：若航運類股的波動單純只是散戶追高殺低，那麼股價應該不會跌得那麼嚴重，反倒是程式交易快速吹出的大泡沫 (Flash Bubble) 被戳破後，比較可能出現如此可怕的結果[5]。

另外，像是 2016 年 10 月 7 日英鎊大跌，下殺 6% 之多，從 1.27 美元一路下滑，灌破 1.2 美元的心理關卡，最低到了 1.1841 美元為止。

然後，戲劇化的現象發生了，英鎊急升，回到 1.24 美元，最終下跌 1.5%。固然當時有英鎊走空的背景，但也有看法表示程式交易加深了跌勢，其結果導致極短的時間內英鎊一度下跌 6% [6]。

我國也曾在 2017 年 8 月 3 日發生期貨閃崩事件，開盤 25 秒閃跌 1,012 點，引發市場的疑慮，矛頭也指向了統一證券，懷疑是否為「胖手指」事件——營業員按錯了。

這件事情統一證券也做出重大訊息的宣布：今日 08：45：24 至 08：45：25 間，台指期貨報價由 10328 降至 10274，再降至 9408。因市場價格降至 10274，程式交易訊號落入風控停損區間，系統自動依市場狀況送出停損單，當時市場價格已在 10274 至 9408 間，故程式依循市場價格執行停損，是基於風險控管機制所採行之做法。

從事件發生的相關訊息判斷，疑似有人利用市場交易量少，如同小股本的股票一樣，只要少少的資金就可以操控，加上大多數的程式交易停損策略都差不多，就可以利用創造爆跌來製造程式停損的連鎖效應，藉此來獲取不法利益。

電腦，開始代為處理越來越多的日常市場活動和交易量責任。交易員和程序設計師兩者結合在一起，共同研發更先進的交易行為，在業界已經是一項軍備競賽，交易者的書桌上不再是基礎研究數據、財務分析資料，而是可以讓交易更高段的程式語言書籍 [7]。

我請教一些程式交易專家：「程式交易是否可以排除人性的弱點？」

其表示程式交易可以避免個人人性所造成的追高殺低、買賣交易無法執行的狀況，但程式交易的本身來自於策略，策略是有局限性的，與交易的正確與否並沒有關聯性；為了解決此一問題，則有機器學習的出現，不過這又是另外一個議題；簡單來說，程式交易可以解決自己的人性弱點，以機器來執行特定策略，但未必是好的策略；因為具有可預測性，更可能被市場高手操弄。

台灣證交所希望能改變現行 5 秒集合競價的方式，推動逐筆交易制度，此一制度的推動將吸引更多的高頻交易者（HFT）。高頻交易是透過演算法及程式設計完成交易，迅速捕捉微小投資機會，以微秒為計算進行頻繁下單，缺點是為了競逐微秒成交的機會，下單也會如同軍備競賽一樣，比速度、比頻寬，甚至還要比距離遠近；此外，程式交易也可能發生「閃電崩盤」的負面事件，引發市場不安[8]。目前還在討論中，也許哪一天，程式交易加上人工智慧，或許就可以撇開人性的弱點，成為股王中的股王，但如果程式交易加上人工智慧都贏了，那誰是輸家呢？

建議：

1. 有時候學習很長的一段時間，卻一直無法突破成長的瓶頸，忍耐一下，熬過成長高原期後，就可以成為尼歐了。
2. 程式交易還是有其弱點存在，若是能善用程式的優點，彌補人性的弱點，達到人機合體的境界，勝算還是在人。

註1 美股「閃崩」元兇抓到了！ http://www.appledaily.com.tw/realtimenews/article/new/20150422/597380/；高速演算法交易成隱憂，道瓊閃電崩盤事件只會再重演，https://finance.technews.tw/2015/04/24/algorithm-cause-stock-flash-crash/。

註2 2010 Flash Crash Arrest Motivated By Greed,http://www.valuewalk.com/2015/04/2010-flash-crash-cause/。

註3 拿到很燙的馬鈴薯，馬上傳遞給下一位。

註4 U.S. Securities and Exchange Commission and the Commodity Futures Trading Commission (September 30, 2010). "Findings Regarding the Market Events of May 6, 2010"(PDF), https://www.sec.gov/news/studies/2010/marketevents-report.pdf.

註5 程式交易惹禍？美航運股泡沫戳破妖股 DryShips 崩 84%，https://goo.gl/rV0Sfc。

註6 脫歐決定與英鎊暴跌，https://goo.gl/MUfErz。

註7 2010 Flash Crash Arrest Motivated By Greed, http://www.valuewalk.com/2015/04/2010-flash-crash-cause/。

註8 證交所力推逐筆交易，https://money.udn.com/money/story/5607/2395075。

別被行銷術控制大腦

◎如何拒絕惡質行銷？◎

相信很多朋友都常常接到行銷的電話，電話那一頭很有禮貌地講了一大堆，就是希望藉由電話能成交特定商品。

有一天，接到一通保險公司的電話，於是就花點時間聽了一下，結果發現實在是非常惡質的行銷手法，且讓我來破解其中的重點……

①錄音：為了保障權益，以下內容將進行錄音……

●分析：其實很多是為了保障保險公司，怕你買了又後悔。

②有聽過比我好的條件嗎？……

●分析：這是讓你認同對方的話術；若認同，潛意識裡自己更可能會買保險。

◎建議回應：這時候回答不必客氣，可以這樣子回答：「跟我講幾個數字是怎麼回答，耍我嗎？沒興趣。」（透過不客氣的話語，讓自己潛意識堅定地討厭對方）

③可是聽到的幾乎都會買……

◎建議回應：我估計有1%就不錯了，怎麼可能聽到的都會買。你講話太不實在，我沒興趣。（再次讓潛意識討厭對方）

④（不理會我的拒絕，繼續推銷）……

◎建議回應：很「嚴正」地告訴你，我已經講兩次沒興趣，你不是有錄音嗎？（強調「嚴正」這兩個字，會很有震撼力，代表自己絕無任何迴轉空間，通常對方就會知難而退）

這些行銷話術通常都經過設計，其以心理學、銷售經驗為基礎，利用人性的弱點創造出最大的銷售成果。只追求業績，哪管客戶是否實際上有需求，是否能負擔得起，只要有收入就好。

如果到書店翻一些行銷的書籍，常常看到在灌輸業務員一個觀念，就是「沒有賣不掉的東西」，數十年來對於業務員的訓練，導致「過量消費」成為主流，明明喝一罐飲料就夠了，用第二罐降價的方式吸引消費者多買一罐，例如第二罐 6 折（兩罐 8 折的概念），為了買到 6 折的飲料，讓大腦產生賺到的感覺，就多帶了一罐，可是未必真的有喝的需求，到最後可能就浪費掉了。

我看到第二罐六折，除非很確認第二件真的會消費，否則會避開這類商品。因為既然用不到第二件，如果買了就是浪費；不買第二件，第一件會是原價，內心會有虧到的不舒服感覺，因此就乾脆不要買。況且如果買了兩件，從企業端來看，透過第二件降價確實有促銷的效果，對於營收有幫助，反而更促成這種鼓勵「過量消費」的歪風。

◎抓回自己的大腦掌控權◎

有需求再來進行買賣交易，這是理想的狀況；但是商人為了賺錢，哪管你有沒有需求，沒有需求，就用各種方法刺激人的大腦端，直接與潛意識溝通，讓沒有需求也有需求；我研究大腦多年，透過自我行為分析的方式，比較能抵擋商人的誘惑，只是說來悲哀，這種消極的方式對整體大環境的影響有限。

讓我們想像一下，挑一個週末萬里有雲的涼爽下午，散步到 ×× 書店一趟，就可以看到非常多的行銷、廣告的書籍，像是「怎麼賣都秒殺」、「逼人買到剁手指」、「用大腦行為科學玩行銷」等，有些是實戰經驗的累積，有些則加入心理學、行為經濟學等研究成果，讓消費者不知不覺做出不適當的決定。

經濟學的假設是人是理性的動物，會做出對自己有利的決定，但是從經濟學底下的其中一個重要分支——行為經濟學派來觀察，人卻未必是理性的動物，也透過各種實驗，找到人是不理性動物的證據，近幾年來有幾次的諾貝爾經濟學獎得主，都是行為經濟學派，像是 2002 年的康納曼（著作《快思慢想》）、2015 年的迪頓（著作《財富大逃亡》）等，或者是丹 · 艾瑞利、理查 · 塞勒等人的著作，好好閱讀都可以讓我們更認清自己行為的原因。

地球只有一個，資源一直有限；為了賺錢，不斷消耗資源，這並不是一個流傳後世的光榮事蹟。很多科學家都加入了行銷團隊的研究，平凡的我們，更要小心這些偷偷與我們潛意識溝通的魔術師，學一些反制技巧。因為對方正在掌控你的大腦，多看一些行為經濟學的書籍，認識自己，然後練習怎麼把大腦掌控權抓回來。

◎雜訊過多時代的堅持◎

人很容易被訊息搞得浮動，一浮動就破功。某個臉書投資社團，鼓勵大家找朋友加入，結果聚集了十幾萬人。這位師父不斷強調自己操作績效多強又不缺錢，願意分享賺錢的方法，這時候衆人繼續高喊師父好厲害，師父是無私的；其他人開始信服，魚兒準備上鉤。如同某位自稱成佛，眼球會一直快速眨動的妙 ×，不也是類似的操作手法。

最後師父說自己投資了某某股票，理由是該公司將因為特定事件飛黃騰達，股價一定會大漲，且保證自己不會賣出，期待羊群跟進；自己不賣出，不代表炒股集團其他成員也不賣。如同前中研院院長翁啓惠，在浩鼎事件中對外宣稱名下沒有浩鼎股票，但被發現原來是借名登記在女兒名下[1]；連翁啓惠這麼有名望的人都難以相信，更何況是投資界的老師？

如果不熟悉投資這個領域，以為人多的地方最安全，聽到前述感謝老師這種發自內心的話語，可能會毫不猶豫地用所有財產梭哈，投入大量資金，而成為被倒貨的羊群。

正如同你在寺廟念經 10 年，心平如水，突然來了 100 位美女，每天香氣撲鼻，在你身邊磨來磨去，就算內心依舊平靜，但身體卻會不自覺地有了反應。環境很重要，投資必須選擇正確的環境；不過有了一定的修練之後，就要去紛亂的環境中，反覆地測試自己的修練，才能讓自己的修練更穩固，不會因為小小的誘惑而破功。

建議：

1. 過量消費是不必要的。
2. 學習行為經濟學，有助於自己對於外在環境誘惑的抵抗力。

註 1　中研院聲明翁啓惠名下沒生技股票，http://www.cna.com.tw/news/firstnews/201603035008-1.aspx；除了女兒名下外翁啓惠坦言：可能還有借名持股，http://www.appledaily.com.tw/realtimenews/article/new/20160418/841251/。

汰弱留強？追高殺低？

◎一個看似矛盾的問題◎

在某臉書投資社團看到一個問題：如果你手上有兩檔持股，甲股票很強一直創高、乙股票很弱跌到一個低點，還不見起色，那你會不會賣掉乙股票，轉買甲股票，這樣算不算追高殺低？

看到這個問題，是指當想要「汰弱留強」之際，是否會犯了「追高殺低」的毛病。還真的讓我大腦模糊了一下，總是強調要汰弱留強、不要追高殺低，這兩句話都對，但在這一個問題中，似乎又存在矛盾，到底是發生了什麼問題嗎？

理財幼幼班1與2都提到的「展望理論」，這是由2002年諾貝爾經濟學獎得主康尼曼所提出，發現到：投資人稍微有獲利就會賣出，但是如果有虧損，就會用力抱緊而且向下攤平。因此，如果又在投資市場長期勝出，反人性就成為重要的修練。換言之，人性喜歡「汰強留弱」，實際操作就必須「汰弱留強」。

只是，當股票很弱的時候，若是將之殺出，那不就是「追高殺低」的「殺低」嗎？如果法律人來回答，就會用很抽象的回答方式「依據具體個案判斷」一句話帶過，可是這樣子解決問題了嗎？

◎換個思考的場所◎

思考這個問題的過程中，一直解不開這個問題的矛盾感，感覺好像是在辛亥隧道開車碰到鬼打牆，反覆來來回回不知何時終了。為了解決此一看似容易卻相當難解的問題之一，決定移師機場飯店，點一客爆貴的下午茶，一邊喝咖啡一邊思考，試試看能否有所突破。

身處於諾富特機場飯店 9 樓，偌大的落地窗大約有兩米一高，因為這一間飯店位於三期航廈，地處高速公路的中間，左邊看到許多準備前往機場的汽車，右側則是駛離機場的汽車，而在高速公路的外圍則是停滿飛機的機場，每隔 5 分鐘左右，就有飛機起降，也勾起自己想要出國的慾望。

在欣賞飛機起降與車潮前，先把剛剛的問題：「汰弱留強」之際，是否會犯了「追高殺低」的矛盾問題思考一遍，接著放鬆心情。過了 20 分鐘，受過嚴格武術訓練的我，很自然地就進入到類似於「冥想」的情境，大腦開始自動處理一些丟進來的問題。

突然之間，把股票體質、走勢，股價過高、過低等結合在一起，立刻拿出手中的筆，把剛剛想到的結合起來，畫了一張 SWOT 強弱分析模型圖下：（參考下圖）

右上角（第一象限）：

體質佳、股價走勢強，像台積電 (2330) 股價接近 200 元、本益比約 15，是此一類型的代言人；但如果過度走高，偏離過頭，則要小心股價反轉，股王大立光 (3008)，6,000 元的股價、本益比約 27，顯然稍微有點偏離。不過，如何才算偏離，很難有標準，如同許多沒賺錢的生技股，股價已經到天價，這時不能用本益比來判斷，而是本夢比。

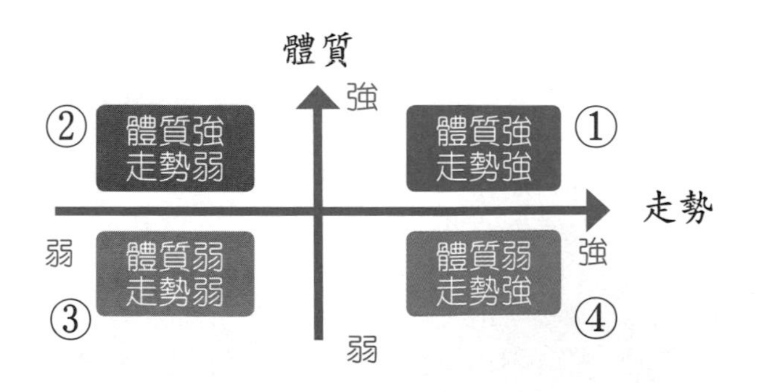

左上角（第二象限）：

體質強、股價走勢弱，很多股票平穩成長，財報也沒過度粉飾，表現一如往常；經營者不亂增資、不亂發行可轉換公司債，採取穩健保守的經營模式，自然遠離炒股風，股價不易波動。對長線投資人而言，這類股票自然不強，但愈低反而值得持續買入，只是要有精準的眼光，基本判斷股票的功力也要好好訓練。

左下角（第三象限）：

體質弱、走勢弱的股票屬於汰弱型，必要時停損。像陽明海運(2609)，許多朋友成本位於12元左右，10元時紛紛問是否要停損，當時看了一下財報，很明確地說雖然景氣會好轉，但因國際貨運量供應過度，未來恐難好轉。2016年12月間，最低來到4.4元，這屬於大環境導致體質不佳，應適度地調節或全數賣出。(後因減資回到12元)

右下角（第四象限）：

體質弱、股價走勢強，如前面所說的生技股就是屬於這一類型；但是生技股至少有個夢，許多股票沒啥夢，因為有人炒作，或利用股市的系統架構因素，例如董監改選讓大同(2371)上了20元，這種股票不適合短線操作，走勢強也不適合留下來。

上述四象限將股票分成四大類型，可以讓自己清楚地瞭解哪些股票應該被淘汰，當然是以第四類型為優先，畢竟爛股票股價走勢又差，要翻身實在很困難，如同一頭不會產牛乳的牛，出脫是正確的選擇。

其次，好股票如果漲幅過大，也可以適度調節，等回到合理價格時買回。如同一頭牛價格10,000元，每年生產牛奶1,000元，現在牛的價格暴漲，變成50,000元，假設還是只能生產牛奶1,000元，對於早就在10,000元買進這頭牛的投資人來說，賣出這頭牛是選項之一。

建議：

1. 認清投資股票的性質，屬於「走勢強、體質佳」、「走勢強、體質弱」，還是屬於「走勢弱、體質強」、「走勢弱、體質弱」的哪一種，再判斷是否是否汰弱留強。

Chapter 5

執行力

尋找獨特的決策與過程

◎別讓證照綁死你◎

在我唸法律系所的時候，律師、司法官考試當然是當時夢寐以求的目標，但是此一目標並不容易達成，錄取率相當低，在 2000 至 2011 年間，律師筆試由一試改為二試，整體及格率提高約 10%，以近年來錄取名額來看，大概來到了每年錄取 1,000 人左右，縮短許多考生在圖書館努力打拼的時間。

話說早年在圖書館準備考試的時候，就聽到很多悲慘的故事，從法律系畢業後，為了要成為一名法官或賺錢的律師，一直考一直考，由黑髮考到白髮、變成阿伯了都還考不上，整個青春歲月都耗費在無盡的考試迴圈。近年來，雖然錄取人數暴增，大家不必考太久就有機會考上，只是在供需不平衡的情況下，律師平均收入大幅銳減，因此又有倡議以 60 分作為及格與否的標準，講白了就是要控管錄取人數。

我個人的意見，則是建議律師錄取率 30%，每年上限 3,000 人，律師能賺多少錢完全讓市場競爭決定。真搞不懂律師考試制度老是被死腦筋的人把持著，考上的人多了又如何，既然口口聲聲說都是優秀的法律人，當然是開放競爭啊！怕什麼？

把一堆優秀的年輕人綁在考試中，許多不是頂會考試的考生，拼了 1 年差 0.5 分沒考上，放棄了又可惜，導致每年都在圖書館輪迴中。這些把持制度的老先覺，口口聲聲說是品質把關，我認為根本是教授個人利益為優先，以及既得利益者提高競爭者的進入門檻。

考試，並不是評斷人才的好方法，頂多只能算是「以某個角度」衡量能力的方式，人才並不是只有智育，會打官司的律師也不一定是考試高分的考生。用考試來篩選人才，稱之為把關，還不如讓他們趕緊通過資格證照，讓市場來考驗與過濾真正的人才，證照門檻不代表就是好律師，還是要經過市場的洗禮。

把這些未必擅長考試，但可能是優秀律師的年輕人綁在考試中，年復一年這樣子並不是正確的制度。我當年看清了這點，早早就拋棄考試制度，另外尋覓一些可以迎接法律人的有趣世界，幾十年過去了，回頭一看，制度有好一點，但還是脫不離人性的掌握。

◎藍海市場的同質化◎

還記得剛唸研究所的時候，主修網路法律，每次上課之前必須把網路上的文件印出來，文件都很厚，印出來就像是新車使用手冊一樣，加上滿滿的英文，真是很難熬的日子。加上不是只有網路法律的課程，每一週都必須大量印製上課的教材，每個學期一次的報告與畢業的論文也要印出來，所以幾乎每位學生都會自己購買一台噴墨印表機，甚至好一點的雷射印表機，才比較方便。

當時一台要價數萬元的雷射印表機，過沒幾年居然3,000元有找；價格下跌的主要原因是競爭者眾，HP、Canon與各路競爭業者紛紛進入市場搶食這塊大餅，規格功能又難以有太大的差異，打價格戰變成不得不進行的行銷策略；當機器本身的獲利愈來愈低，獲利來源不再是賣出一台一台的印表機，而是日後更換墨水匣或碳粉的利潤。

因此，低價賣出機器，如3,000元有找的事務機，再賺取比較高利潤的耗材，像是碳粉夾一換可能兩張千元鈔就不見了，換個兩次就會超過印表機的價格；只要能夠吸引客人先購買，這些客人就成為企業待宰的羔羊，所以我們都有繳交大筆墨水、碳粉費用的慘痛經驗，而這也成為企業主要的商業經營模式。

曾幾何時，隨著數位化的風潮，家裡不再聽到印表機影印的聲音，1 年上千元的噴墨耗材費用，已經好久沒有出現在支出項目中，買了 5 年的事務機，只剩下掃描的功能，把一些證件、文件轉換成電子檔，直接透過電子郵件或雲端服務，分享給其他夥伴即可。使用頻率降低，再加上這上這些耗材都有使用期限，過期了就無法使用，更降低了添購的意願，所以我家只有偶爾才會出現掃描的嗯嗯聲響。

隨著研究所修習完成，個人對於印表機的廠商而言，不再是有需求的消費者；少了我這一位消費者，對於 HP、Canon 等大廠而言，差別並不會太大，還是有廣大的市場足以支撐營收。然而，競爭者從未減少，原本由日系製造商寡占的市場，許多新興國家紛紛投入資源，加上「商品同質化」的發展，設備功能愈來愈接近，魔術師再厲害也變不出新兔子出來。

日本、韓國或其他國家推出的印表機功能都差不多，影印、掃描、傳真，當每一家廠商都有這些功能後，又發展出網路無線影印，降低墨水碳粉使用量，但這些都難以創造差異化；對於客戶而言，即便有什麼新奇的功能，但也著實不需要一堆花俏的功能。

因此，市場需求即變穩定，廠商眾多導致市場供給過多，低價化是不可避免的趨勢，但是價格下跌的話，對於業者的營收會產生影響，不出幾年，應該就會出現類似傳統相機遭淘汰一樣的悲慘命運。

需求量大的市場，開始總是讓先進企業獲利滿滿，但也容易吸引各方搶進，稱之為「蛋塔效應」。所謂蛋塔效應，大約發生在 1997 至 1998 年初，當時藝人彭偉華於台北市延吉街開設了全台第一家葡式蛋塔店，讓許多人排隊也要吃上一口，後來熱門到有人因為吃不到而潑漆洩恨。這也引發跟風潮，短短幾個月，全台滿滿都是蛋塔店，嘗鮮的好奇心冷卻後，最後淪落到三個蛋塔 50 元再加送贈品也賣不出去。

蛋塔效應是一種人性的表現，如果從金融證券市場來看，就是「泡沫」現象；泡沫是人吹大的，與人性有密切關聯性，而企業的決策是由人所組成，因此也會針對特定產業形成追捧之風，原本應該是賺錢的市場，很快就會變成惡性競爭的紅海市場，當供給遠遠大於需求，再加上「商品同質化」，致使只剩下殺價一途來換取營收；惡性循環的結果，營收逐漸無法支付成本、費用時，但又不能不生產，因為不生產可能賠更多，所以導致即使生產銷售之後還是賠本，卻依舊要生產的企業煉獄，懊悔當初為何要進入這種紅海市場。

◎只懂法律的法律人◎

法律人有兩個不好，一是英文，主要原因是法律體系傳承自日本與德國，所以大部分的法律系教授都跑去德國與日本留學，而留學英、美國家的比較少，加上以前國家考試不考英文（現在考法學英文），因此法律人在英文方面比較差；另外一個不好的部分則是電腦能力，法律人每天埋首判決、書籍相關資料，對電腦網路等科技資訊向來較為排斥，連筆錄都很晚才電腦化，在電腦化之前，判決書都靠書記官手寫，所以書記官手腕受傷的比例很高；直到近幾年來，年輕一輩的生活都與網路脫離不了關係，法界人士才對電腦事務比較熟悉。

在網路發展之初，法界有關電腦的笑話還真不少。舉個例子，原告在法庭中提出印表機印出來的一疊 Webmails，被告反駁指稱這些 Emails 是原告所偽造、變造，法官拿起這疊電子郵件印出的紙張，仔細端詳再三，突然問了一句：「之前印出的文件內容都印得很正，這個印出來怎麼歪歪的，一定是偽造……」突然之間法庭氣氛一片凝結，當事人心想不就是因為紙張沒放好，所以印出來的時候歪了一點，這也能變成偽造！?

這大約是 2006 年左右的案例，當時網路產業才剛起步沒多久，法律人還懼怕網路世界。

還有一次參與某一個案子，法院開庭時，雙方攻防的重點又是電子郵件，英明的法官臉上早已經是三條線，但又要故作鎮靜，原告提出一疊網路電子郵件（Hotmail、Yahoo mail）證明被告犯行，沒想到被告居然提出一樣網路的電子郵件，日期、寄件者、收件者一樣，只是部分電子郵件內容不同，來證明自己是無辜的。這樣子或許有點不太清楚到底發生什麼事；換一個較簡單的講法，原告提出的電子郵件是 A 跟 B 相約去摩鐵，但被告提出的電子郵件內容則是 A 跟 B 相約去圖書館。

這可就神奇了，一定有一方偽造。於是原告要求被告提出原始檔，遭被告拒絕，原因是電腦壞了。這時候法官似乎心中鬆了一口氣，搞不清楚狀況的法官就要求由原告證明被告所提電子郵件影本是假的……原告也不知道該怎麼辦，對方電腦又壞了，雙方當事人、檢察官、律師、法官，都不知道怎麼處理這個狀況……

原告事後詢問我該如何處理？

一聽到這個狀況，臉上也三條線，這個答案不是很簡單嗎？這個問題在後來的許多專業課程上，身為教官的我詢問過許多資深的法官、檢察官、律師，直到這幾年才比較多人可以答對。

答案很簡單，電腦壞了，換一台電腦就好了；因為網路電子郵件的資料是存放在網路伺服器上，並不是單一電腦中，並不會因為單一電腦壞掉而受到影響，所以電腦壞了，換一台登入就可以了。

近幾年，我國總統都是法律人，懂法律就可以掌控整個國家社會，對於法律人而言，又何必跳出舒適圈，再去學其他更新的知識呢？但是這也限縮了法律人的思考，以為自己的邏輯就是天意，當然也限縮了自己的發展可能性。

◎複製成功經驗，勇闖理財界◎

我擁有資訊管理碩士學位，算是比一般法律人還要懂電腦資訊的法律人，又不想考律師、司法官，該怎麼經營法律之路呢？

那就專攻資訊科技領域的法律吧！

所以我的論文研究領域是網路通訊監察、數位證據，蒐集的研究報告、案例也都是與這些領域相關，在網路世界才剛啓蒙之初，就率先出版了《電腦鑑識與企業安全》，接著又陸續寫了《圖解數位證據》、《圖解個人資料保護法》等冷門領域的書籍，成為這些領域的前瞻領導者。

這些領域雖然不相同，但彼此有其相關性，擊破一個個領域之後，就能夠產生綜效，等到馬步穩固了，別人想到這些領域自然就會聯想到我，每年也有許多演講的邀約，也常穿梭於電腦鑑識、會計鑑識等領域相關的研討會上。

我在法律博士班主修的內容與「法律經濟學」有關，將數位證據與法律經濟學結合，兩者可以衝擊出一些有趣的火花，在個人資歷上又與經濟學沾上一點效應；只是回想當初，因為不太喜歡數字，又為了要搞懂以數字為背景的經濟學到底在講什麼，看了很多書籍、文獻，著實花了好大一番工夫，才稍稍理解經濟學討論的內容。那一段博士 6 年半不算短的求學時光，那一堆經濟學書籍、文獻還真是搞苦了我。

熬了 6 年半，博士學位終於在 2011 年修練完成，當時的我在圖解法律書系的出版又有了一點成果，於是開始思考是否能透過複製成功的經驗，將圖解書系擴大範疇，經過檢視自己的學經歷，擁有兩個商學碩士（MBA）、一個法律經濟學的博士，自己又對投資理財頗有心得，也在大學教授商事法，歷經了 2008 年金融海嘯的震撼，更完成一些心靈上的修練，於是想要把觸角伸到「投資理財」領域。

隔行如隔山，等到要把成功經驗複製時，才發現只是因為法律界沒有圖解書，所以我的圖解書系才能成功；而投資理財的書都簡單易懂，圖解未必能獲得青睞。看清楚投資理財的市場後，心中有一點失落，但也知道事情急不得，先把相關基礎知識搞懂再說，於是列出了價值分析、技術分析、籌碼分析、總體經濟等四大領域，作為切入投資理財領域一開始學習的範疇。

◎基礎功沒打好，機會來了也不是你的◎

當我想要踏入投資理財領域時，並沒有辦法選擇特殊的領域切入，還是必須由鍛鍊基礎知識做起。好在資管研究所就讀之際，有修一些初級會計的課程，所以先從財報切入，搭配一些財務分析的書，每一個例子都跟著作者的介紹然後實際計算一次，即使一開始對數字很頭痛，身為法律人的自己對數字也有一點排斥，挫折感也開始如影隨形。

後來檢視了自己學習的方法，發現了一個重要問題，就是會停留在「舒適圈」中不想要踏出去，每次都只算營收、毛利、營業利益等基本數據，難一點的專有名詞就不太想看。於是我開始研究看不懂的專有名詞，譬如說「公平價值衡量列入損益之金融資產」、「備供出售金融資產」等又長又臭的名詞，會用整整一個晚上找尋相關資訊、法律規範背景、文獻資料，並且找到一些例子來驗證，找這些自己不熟的領域，一個一個填補財務知識上的漏洞。

如同《刻意練習》這一本書，除了針對自己特定弱點學習，然後大量分享，重組大腦結構，獲得回饋修正，指出分析案例中的錯誤。譬如當我以人口結構惡化為由，作為未來不動產崩跌的預測，但很快地受到了挑戰，有人指出英國人口結構也惡化，為何不動產還是上漲呢？

無論是意見回饋，還是對我論點的挑戰，都是填補個人理論弱點的好機會。面對這些過去很陌生的財務分析領域，算久了還是能上手，對於數字開始培養出正確的直覺。

第二次世界大戰時，西方盟軍要反攻歐陸，決定打下諾曼第，並將之作為反攻的碉堡。1944 年 6 月 6 日，盟軍展開進攻，近 300 萬士官兵一路挺進，雖然死傷慘重，但終於拿下了諾曼第；有了據點就有了通暢的後勤補給，也順利一路將德軍打得落花流水。

基礎功先打好，才能找出自己的路。

一開始遇到的朋友比較多是**價值分析**派，當時市場上價值分析派與**技術分析**派常吵架，一邊說對方炒短線，一邊罵對方套牢只好長抱。由於我學過武術，在武術界也有類似場景，像少林寺自稱武林正宗，峨嵋派就不服，認為自己才是正宗；現代也有跆拳道、空手道互爭武林至尊之位，空手道重手、跆拳道重腳，都認為自己著重的才是重點。

因為自身偏見築起了門派高牆，也將限縮學習的機會。

一代巨星兼武術家的李小龍，啓蒙的武術是詠春拳，但不因此而滿足，自行觀察各武術的精華，最後自創截拳道；雖然因故早逝，李小龍當年對於武術極致的追求，至今仍為許多人津津樂道。因此，如果只覺得某一個領域的知識是唯一，將會局限自己發展的空間。

身邊的朋友大多研究價值分析，也喜歡長期存股、領取股息，很多歷經過 2008 年金融海嘯的震撼教育，有了成功的經驗，在這方面成為許多人學習的對象，「存股」成為某一段期間眾人追捧的概念。隨著股價不斷上揚，存股很重視的「殖利率」，隨著股價的上升，殖利率從 10%降為 8%，又再降至不到 6%，存股的效益將愈來愈低，尤其是現在才開始存股的朋友；未來在國家財政狀況不佳的情況下，資產課税必然將逐年提高，像股票、不動產都將是政府撈税的對象；換言之，有關於「存股」這件事情可能要隨著趨勢調整。

我本來也想要從基本面開始切入投資理財，但從趨勢來看，投資策略可能要調整，在萬點的時候，關注的重點應該是「泡沫」，如何有效地運用預測泡沫發生的轉折點來賺取利潤，或者是在泡沫破滅後的低檔採行災難投資法，對於投資者來講應該是比較好的操作策略。

價值投資法是投資判斷的重要基礎，存股如果是好的投資標的，也沒有問題；只是隨著趨勢的改變，這樣子的存股操作可能要

修正；尤其是公開推出自己的主張，若是與一般價值分析派的論點差不多，實在沒有必要再寫一些相同的東西。

綜上，若是無法超越前者很多，一樣內容的資訊就不會再寫。這也是我在扎好基本功夫之後，決定用擅長的圖解方式，先寫一本容易閱讀的《圖解理財幼幼班》、《圖解不動產買賣》，當作投資理財系列最初階的教材；接下來開始書寫一些具備市場獨特性的東西，例如台灣市場的數據分析、泡沫、行為經濟學等領域，才能有自己生存的縫隙市場。

◎勇敢踏入未知的黑暗挑戰◎

我在台灣藝術大學開了兩門課，一是法律與生活，這是我的專業；另一門課比較特殊，國際關係。在決定是否接這門課的時候，我思索再三，既然有兩個商學碩士，倒也有資格承接，只是要從頭編寫教材將會是一場硬仗，不過如果能把教材建構起來，可以讓自己在投資理財領域中補強許多國際金融事件的教材；思考再三，牙一咬決定接這門課，並且從國際金融環境的變動來觀察投資理財領域。

之前在東吳、中央開設過商事法的課程，上課的方式是找一本書，依序解釋法律條文，後來發現成果不好，學生眼神很容易空洞地望著努力講解的我，期末考結束後，還有學生能記得修過「商事法」的課程名稱就不錯了。面對學生消極的學習態度，如同《圖解理財幼幼班》書中提到的謝神戲，必須幻想自己在演謝神戲，才能堅持在台上認真教學。

可是一樣的課程在社會上卻是秒殺，為什麼在學校不想學，畢業後卻願意花大錢求進步？差別在於「需求」，畢業後需要買房、買車，或者是過好日子，學生雖然沒有強大的賺錢需求，但還是會想賺錢，譬如與女友出去旅遊、買點禮物或手機等，因此決定上課的內容從賺錢的需求性出發，應該能吸引多一點的學生主動學習。

因此用當年以公司案例為主軸所寫的《圖解公司法》作為商事法的架構，像董監改選的規定是什麼？依據規定，有些股票價格會出現改選行情，從股東會召開的前年 9 月開始會漲到隔年的 2 至 4 月；又像探討增資、減資的程序，以一些數字讓學生知道「賺錢減資比較好、賠錢減資風險高」；還有股票質押借款的概念，如果質押太多，則一定比例的股票會喪失投票權，是否會成為市場派爭奪公司經營權的目標[1]？

這種解讀投資理財的方法，我自稱「法律架構派」。藉由理解現行上市櫃公司的法令規範，並探究與股價波動的關聯性，也激發了許多學生學習公司法的興趣，每年都有學生推薦學弟妹來上課，推薦的原因不是因為好混好過，而是因為內容實用有趣。

以此為基礎，進一步透過「國際關係」課程的教材準備過程，補足自己「總體經濟」不足的那一塊。當時從日本安倍晉三的「三支箭」、中國大陸的「滬港通」、俄羅斯崩盤等，時至今日，單就總體經濟的簡報檔就高達 200 多頁，加上各別公司的特定題材，像是董監改選、證券犯罪、財務分析等教材，累積已超過千頁，成為豐富的資料庫。

原有的法律、資訊專業，加上投資理財的專業知識，結合成為一個自己的知識專業，並且透過不斷地在課程中分享，同學的回饋成為修正檔案的關鍵，學習法律的必修壓力下，又能夠學習讓自己看懂金融市場架構的方法，這種課程的吸引力自然有其獨特的味道；現在這門「國際關係」的課程已經找到其他相關背景的老師，但這個過程中累積的知識與教材，濃縮成三堂課，成為「法律與生活」課程的重要內容。

建議：

1. 尋找自己異質化的道路，避免走上同質化的紅海競爭。大家都不懂也不想碰的領域，說不定可以成為自己的專業。
2. 大多數人都是以舊經驗來看未來，判斷錯誤是正常的，要嘗試勇於說出衆人的錯誤觀點，提出自己的正確看法。
3. 一條山路，沒有前人拓荒，自己劈荊斬棘會非常辛苦，但路通了，成果自己一人享受，也算值得。
4. 複製別人的成功經驗，容易成為過於火熱的紅海市場，不但要追求更極致的技術才能生存，也只能獲得較低的毛利。

註1 公司法第 197 條之 1 第 2 項規定：「公開發行股票之公司董事以股份設定質權超過選任當時所持有之公司股份數額二分之一時，其超過之股份不得行使表決權，不算入已出席股東之表決權數。」

小心舒適圈

◎在書店學英語的催淚司機◎

一則網路新聞談到了一位小黃運將，年紀很大，想要找書來學習英文、韓文，認為增加語言能力可以提高載客服務品質，因此蹲坐在書店的角落尋找書籍，但翻了老半天，找不到看得懂的語文學習書，失落的背影讓網友不捨[1]。

這讓我想起另外一位林姓小黃運將，因為前一份工作失業只好開小黃，一開始每天開 10 小時，無論怎麼努力開車，扣除掉油錢租金等成本，真正能到口袋的薪水還是一點點；大約 2007 年之後，因為碰到了經濟不景氣，出門跑車更是未必能載到足夠的薪水，他決定每天騰出 3 小時不跑車，開始學英文以開發外國人市場[2]。

因為少跑很多車，當時還被另一半責難怎麼不努力去跑車，承受極大的壓力；但是他深知如果不改變自己、開發新的市場，自己的競爭力將逐漸消逝。確實是如此，世界是不斷改變的，如果自己不跟著改變，那在整個生產供應鏈的價值將逐漸變低，有一本知名著作《有錢人的習慣，和你不一樣》的內容曾經提到：有錢人精算得失敢冒險；薪水族害怕離開舒適圈。

林姓運將經過了幾年的努力，生財工具變強大，使得現在有了穩定的外籍客源；60 歲體力逐漸衰退的他，工作時間即使變少，也能達到過去的營業額。目前因為碰到很多日本客戶，又憑藉服務客戶的真心，開始學日文，相信未來能夠持續以更少的時間，更多類型的客戶來源，讓自己的計程車事業不會像流星般殞落。

◎站在趨勢的浪頭上◎

2008 年，除了大陸來台旅客增加之外，各個國家旅客的來台數量也大增。從 2007 年的 384 萬人到 2016 年的 1069 萬人，若是扣除中國大陸、港澳（95 萬人→ 513 萬人），其他地區的旅客增加變化依舊相當可觀，從 2007 年的 289 萬人，到 2016 年的 556 萬人，10 年來增加了接近一倍。

讓我們試想看看，回到 10 年前，模擬自己是 2007 年看到未來外籍旅客會逐年增加的運將，環顧四周的同業，對於英語總是退避三舍，自己雖然也不太懂語言，但只要努力、願意接受新事物的挑戰，就能夠慢慢地達到語言學習的目標；即使從歡迎（welcome）、謝謝（thank you）、到哪裡（where）、費用多少（how much）等開始，慢慢再增加一點難度，像是景點、地方名產的介紹、聊天對談等資訊，溝通能力的提升對於增加固定客戶是一定有幫助的。

若能在 2007 年看準此一趨勢，早點學英文，現在正好可以迎接豐富的外籍旅客，享受豐碩的成果；即便沒有看到此一趨勢，多學一種語言，對自己的能力只有加分、沒有扣分的效果。

反之，一直用勞力生命在跑車，賺的都是辛苦錢，如同刀子不能一直用，用久了會鈍；鈍了之後，必須要花更多的時間才能勉強達到原本的效果。如果願意花點時間磨利刀子，可以享受工作時間少、效益卻非常大的成果。

◎潛入水裡就不冷了◎

想像一下來到寒冷的冰島，森冷蒼涼的風景固然美麗，冷風呼呼吹襲臉龐，對於習慣亞熱帶氣候的我們卻是非常難熬；即便穿著雪衣、戴著雪帽也還是難以抵擋如同有生命且到處鑽動的強烈冷風，它們總是能找到衣服間的縫隙，搔弄自己顫抖的肌膚，擋都擋不住，只好窩在有暖氣的房間裡面。

冰島是一個充滿美景的異國之地，你是否願意離開溫暖的房間，在冷冽寒風的環境中，換取一個能看到美麗風景的機會？這是一種選擇，沒有對錯。一個是溫暖的小小房間，可以打電動、看電視，還可以跟朋友上網聊天；而外面的環境刺骨寒冷，唯一的好處就是處處美景、海闊天空、任我遨遊。

有過冬天要下水游泳的經驗嗎？剛脫光衣服，從小腿肚開始進入水面，慢慢地大腿、腰部下了水面，這時候整個冷意充滿了全身，雙手伸直上舉、交叉緊握，連腳尖也不自主地抬了起來，因為怕冷而不想要碰到更多的水；在水裡磨蹭了許久，心想再這樣下去，旁人看了也是一場笑話，最後還是鼓起勇氣，潛入水中游了起來。

說也奇怪，只要一入水裡，就不覺得冷了。如同推動物體一樣，一開始的靜摩擦力最大，隨著物體開始移動，從靜摩擦力轉換成動摩擦力之後，動摩擦力將小於最大靜摩擦力（參考下圖）。人生也是如此，想要走出自己的人生舒適圈，會有許多的阻力出現，愈來愈大，但只要真的跨出了圈子，實際上的阻力也開始變小，沒有想像中得大，而且海闊天空任我遨遊。

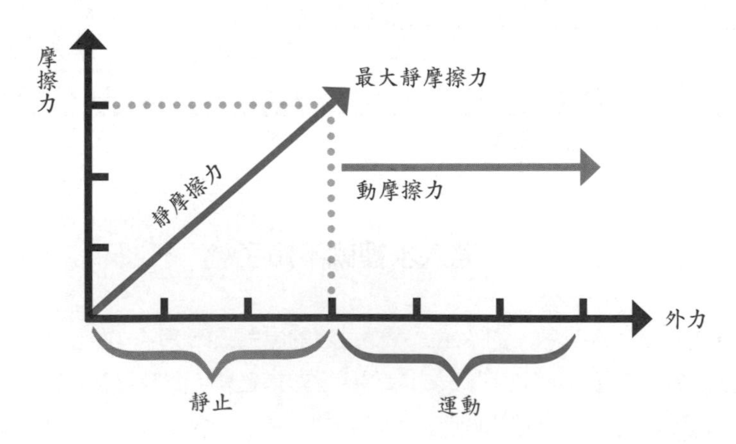

從每天的直播也發現一件事情，聽的人多，似乎大家都很想要學，但真正想要深入計算、分析的人少，通常都只想要得到老師給的「答案」；換言之，只想要結論卻不管過程，殊不知過程是成長的關鍵，學到了結論，過了 5 年、10 年的時間，也難以讓自己成長啊！

學員的類型大概可以分成下列三類：

(1) 願意聽課程 (A)

(2) A+ 找資料 (B)

(3) A+B+ 將新資料舊資料連結 (C)

(4) A+B+C+ 計算分析以驗證資料 (D)

(5) A+B+C+D+ 分享 (E)

(6) A+B+C+D+E+ 回饋後修正 (F)

一般的學員大概只有做到 (1) 願意聽課階段，頂多有到 (3)，極少數才會到 (6)，也就是說大多數的人願意找一些資料，並且將書中的「資料、直播知識與過去知識互相整合，就已經相當不錯了；還願意花時間做到分析驗證資料、分享與回饋後修正等階段的，少之又少。主要原因還是「舒適圈的限制」，人們喜歡脖子掛餅，餓了低頭就吃，要自己種菜很難，這個限制是天性使然，很難跨出去，努力本來就不是優先的選項。

建議：

1. 勇敢跨出安全的舒適圈，外頭的阻力沒有想像得大。
2. 不隨時看清趨勢的改變，可能就被突然衝出的潮流淹沒。

註 1 爲生計！運將伯想學英文　蹲書局看不懂好失落……一開口超催淚，http://www.ettoday.net/news/20170303/876620.htm。

註 2 中年失業只能開小黃的 67 歲運匠林石川，靠這「國小生都會的方法」，現在……連老外都排隊搶著搭車！ https://www.cmoney.tw/notes/note-detail.aspx?nid=40092。

誠信是最好的行銷

◎賣 A 產品卻說是 B 產品◎

有一天，我想要買一條連接電腦與喇叭的音源線。雖然現在大部分的朋友都選擇在網路購物，實體店家已經沒落，不過我還是喜歡有商品的實體店家，附近只剩下一間走路約 1 公里遠的燦坤。在店內慢慢端詳架上的產品，有的還可以試用，實際接觸的感覺比看網路漂亮的產品型錄還實在一點，實際上的碰觸是網路購物無法滿足的體驗。

在展示架間一邊閒逛，眼睛一邊尋找音源線擺放的位置，這時候一位先生走過來問我：「辦了燦坤會員卡了嗎？」

轉頭看了一下這位年輕人，帶著和善的眼神回答：「已經辦了。」

會員卡已經不知道是幾年前辦的，當初因為燦坤的會員價比一般價格還要低，所以辦了一張。因為不定時都會購買電腦、家電用品，所以會員資格一直持續，至於是否還要消費才能延續會員資格，也就沒有去注意。所以，對於這位辦會員卡的推銷，只好予以婉拒。

一般來說，會員卡的申辦通常也不會強求，因為沒有獎金，不辦就算了。沒想到這位老哥追著問：「那要不要再辦一張終身會員卡？」招著手，示意叫我跟著他走，而且只要願意過去就有好康，一邊回頭看我有沒有跟上，一邊又一直招手。

因為蠻無聊的，我就跟著走，但心中已經知道這位年輕人是辦信用卡的，至少他的背心上就寫著 ×× 銀行。這時候感覺蠻差的，年輕人為了叫人辦卡，一定要把信用卡改成「終身會員卡」嗎？

到了攤位，確認了狀況，我直接了當地說：「我不辦信用卡。」

年輕人：「大哥，我們卡很好（指著頭上的廣告），所有的信用卡就我們家的現金回饋最好……」我簡單地回覆：「沒在用現金回饋。」

年輕人追著說：「辦卡有很棒的贈品喔！」好像是詩詞對仗一樣。

我回說：「我對贈品沒興趣。」

年輕人：「您用哪一張卡？」開始有點想要結束了：「中國信託。」

年輕人：「我們家的卡片免年費」。

這時候有切入點了，冷冷一句：「我的有年費，8,000 元。」

一般來說「免費」是行銷常用的伎倆，也已經是基本要件了，遇到我這種異常的回答，還真讓年輕人傻眼，接著順勢婉拒，這一場信用卡行銷活動就此打住。我不喜歡賣 A 產品卻說是 B 產品的行銷人員，除了剛剛提到的信用卡之外，舉一些常見的案例與廣告說詞：

種類	說詞
直銷	強調藉由被動收入達成財富自由的崇高理想：直銷就是被動收入，所以也是崇高理想的達成方式喔！
保險	說成高利率的定存，存錢有高利率，還可以享有保障喔！
房屋仲介	包裝成理財達人，買房不是爲了自住，而是放眼在賺錢投資。
吸金老鼠會	包裝成高利理財商品、被動收入，再結合高科技名稱混淆當事人，像是 ×× 幣、×× 借貸平台等。

這個社會很多書籍都要求要「**快賺**」、「**必賣**」，所以很多人家中物資過多，百貨公司贈品一堆、手機每年換一隻，各種物資硬是塞滿了整個房子，卻滿足不了人心；投資銀行也貪婪過度，即使歷經 2008 年金融海嘯，投資銀行仍充斥炒賣文化，忘了自己的本分是服務經濟，而非全力謀取自己的私利[1]。

地球只有一個，我們有限的人生，不可能掌握整個宇宙，不珍惜地球的結果，就是下一代受害，甚至這一代就遇到資源匱乏的苦果。如同電影「星際效應」，最後連玉米都無法生長，人們在沙漠化的世界苟延殘喘，只能期待異次元世界的人來拯救我們……

◎為什麼搞臭自己？◎

網路上有位自稱投資達人的林姓男子，於接受媒體採訪及撰寫自己的文章時，強調自己被動收入 30 萬，後來還被媒體刪文[2]；那位先生先用財富自由的觀點來包裝自己，接著再用股票操作獲利來證明自己月入豐富，但很多人算了半天，光靠股息怎麼可能有 30 萬，最後當然被揭穿是「直銷」。

直銷就直銷，透過直接由《生產商→直銷商→客戶》，減少大盤、中盤、小盤等中間商的層層剝削，可以將多出來的利潤回饋給消費者或直銷商，本來是一個很好的制度，有見不得人的地方嗎？

問題就在於直銷被自己搞臭了，忘了產品才是重點，反而淪為靠下線賺錢的生態，產品是什麼已經不太重要；況且少了中間商的剝削，照說商品應該比較便宜，但實際上價格也沒有，反而更貴，所有利潤全部集中到 10%的直銷商，消費者與 90%的直銷商成為「吸血包」。

正如同成績本來是指標，卻被搞成了目標；
直銷本來是為了減少剝削，最後卻成為利潤的轉移。

依據公平交易委員會報告指出，傳銷商 2015 年領取的獎金與佣金平均每人年收入約 3 萬 5 千元，年領 1 至 5 萬元的傳銷商占 47.9%為最大宗，年領 30 萬以上的僅 0.53%[3]。

買直銷產品不但沒有享有更低價格更高品質，若是成為直銷會員還有達到一定業績的壓力，所以人們開始排斥直銷的邀約；為了繼續找到下線，所以直銷商的說明會不能明目張膽，要換個說詞，否則根本找不到下線，於是常見的邀約說詞「同

學好久不見，來吃個飯吧！」蔡阿嘎拍攝的「超靠北！直銷的經典話術！」提到了許多直銷的特徵[4]。

直銷負評不斷，到最後只能遮遮掩掩，只要是與直銷業沾上了邊，整個相關評價就會自動降評。像是知名作家九把刀有一次受邀演講，先前就再三確認是否為直銷，對方確認不是直銷，但一上台才發現根本就是直銷，於是寫出知名的打臉文《打臉文，我的夢想戰鬥不是這樣讓你用的！》[5]。

◎行銷，應該回歸產品的本質◎

當一個 A 產品必須要假冒 B 產品來謀生，不是代表產業的敗亡，就是代表產業的泡沫，或者可以說是人性的貪婪。直銷，忘了本身應該以產品為主，卻只強化下線的經營，代表一個產業正走入敗亡之途，成為人人喊打、避之唯恐不及的過街老鼠。

房地產，不只要賺自住客，還要讓每個人變成投資客。房子不再是為了遮風避雨而存在，而是成為快速賺錢的一種「工具」。

1637 年發生的鬱金香事件，讓原本是貴族欣賞的花，成為市井小民就算質押生財工具，也要借錢購買的投資商品，一顆鬱金香球根的價格，到最後都可以買一間小房子，然後在暴漲高潮後，迅速泡沫破裂。價格雖然恢復了原來的平靜，卻留下滿債務身的貧窮小市民。

來談一下「理財幼幼班」的書名，平淡到沒有什麼特色。

不講求「快賺」，坊間強調的「立刻賺」、「30 天」、「7 天」，到最後變成「1 天」、「3 小時」，因為實在太誇張了，這種不實廣告的宣傳，個人實在做不下去。第 1 集到出版前的最後一刻，不違背良心決定把正名為「慢賺的修練」。在出版市場中獨樹一格，銷售量也獨樹一格，真的賣很慢，1 年 9 個月後才第二刷，總共 3,000 本，版稅還不到 10 萬元，大約 1 年賺 3 萬。

很多年前看過一本書《為什麼經濟一定要成長？》，給了我很大的啓發，人類為何那麼不容易滿足，有了機車就想要汽車、有了 Toyota 就想要瑪莎拉蒂，甚至還想要學郭台銘有私人飛機？

人生不需要太物質化，沒錢一樣可以過，也可以有心靈富足的健康生活，明明公園散步很休閒放鬆，打打太極就很養生了，不一定要搭遊艇出海，喝一瓶 20 萬的紅酒才是休閒人生，也不需要餐餐吃燕窩才會養生。

2015 諾貝爾經濟學獎得主迪頓（Angus Deaton），其所著的《財富大逃亡》一書，討論到復活節島上居民爭奪資源，為了豎立巨石祭神，慢慢地把樹木砍伐殆盡，整個島變成光禿禿的一片；迪頓很懷疑把最後一顆樹砍掉的島民，在砍樹的那一剎那，腦袋到底在想什麼？

人類對環境的污染也是一樣。例如鋼鐵石化產業對環境污染甚鉅、水泥業把國家公園挖出一個大坑，還大言不慚地表示可以蓄水養魚[6]；企業為了賺錢，並不會反覆斟酌這種產業是否能做，做了是否會破壞環境？下一代該怎麼辦？反而想今天我不賺，也是別人賺，那還不如自己賺，到最後變成大家一起破壞環境，直到環境無法承受而開始反撲。

回到出版這件事情，為什麼新書一定要大賣？

出版，主要是為了傳遞知識，如同一場演講，聽眾學到了講師的經驗與知識，講師附帶地賺取講師費，那舉辦一場講座的目的即達成。同樣地，知識是有需求性的，有需求才想學，2,000 本的銷售量代表想要學的朋友有 2,000 人，作者就可以領 2,000 本的版稅；如果口碑好，自然就會傳遞出去，長長久久地賣，而不會像許多暢銷書做了一些誇張的廣告，書的生命期才 6 個月，然後就下架等著被裁成廢紙。

任何產品都有合理的訴求，製作者賺取合理的利潤，不應該創造海市蜃樓的需求，以誇張的書名與行銷手段，將不該有的需求擠壓出來，使得人人書櫃中一堆已買未讀的「書債」、衣櫥中一堆沒穿過的衣服、連筆筒的筆都用不完；地球只有一個，當我們過度消耗資源，如同復活節島的最後一顆樹，不衡平的需求將導致滅亡。

建議：

1. 好的產品穩穩賣、慢慢賣即可，不需要刻意創造需求。
2. 人的欲望是人類社會進步的力量，也是人類社會毀滅的原因。

註 1 十年魔咒蠢動？提防金融危機，https://www.udn.com/news/story/7338/2516828。
註 2 遭刪除的新聞網址 http://www.ettoday.net/news/20160911/773247.htm；「不用上班」他每月被動收入就超過 30 萬，https://disp.cc/b/163-9BY8。
註 3 每 9 人就有 1 人加入直傳銷年賺 3 萬 5 千，http://www.cw.com.tw/article/article.action?id=5073815。
註 4 超靠北！直銷的經典話術！https://youtu.be/pA-TOucbf_A。
註 5 九把刀「打臉」直銷業爆氣：夢想不是這樣讓你用的！http://star.ettoday.net/news/307076。
註 6 徐旭東：亞泥礦場挖更深，是爲了將來可蓄水養魚，https://www.thenewslens.com/article/70681。

一魚三吃的時間管理

◎為何可以同時做這麼多事情？◎

「教授，為何感覺你可以同時做許多事情？如何才可以提升工作效率呢？」這是我最常聽到的問題。

先講一下答案再來說明好了，答案很簡單：一魚三吃。

如果你的主業、副業與投資理財都圍繞在同一個領域，做一件事情就等同做三件事情，效率就可以提高三倍；例如主業是報社編輯，副業是投稿、寫書，投資理財是投資文化產業的股票，所以每天只要研究簡報的製作、如何寫好作文、如何成功經營一家公司，都是圍繞著同一個領域打轉，如同《圖解理財幼幼班：慢賺的修練》中提到的螺旋成長一樣，不只是向上，更是向外擴張。

當你想要開發一個新領域，擴張自己知識的範圍時，從既有已經深耕多年的領域出發，會比開發陌生的領域還要快。譬如學完英文之後，可以學習相近的歐洲語系語言，如德文、法文等，這會比突然想學習會計還快，因為英文與會計沒有共通點，但英文與德文則有類似的地方。

再舉一個例子，有一位資管人員，對電腦產業很熟悉，如果想要投資股票，可以先運用資訊能力進行財務分析、籌碼分析的運算；如果是一位法律人想要投資股票，則可以先從法令架構出發，瞭解這些法令可能會導致什麼樣的企業營運，例如公司法的股東名簿確定制度，創造出每年 10 月到隔年 4 月的股東改選行情，有興趣之後，可以再研究財務分析、籌碼與技術分析。

以原有的階梯為基礎，穩健地走出下一步。

如果原本的基礎沒有興趣經營，或者是很難想到新的延伸應用，像是自己從事的是單純行政職務，接接電話、老闆行程安排，還是可以重新開發一個新的領域，只是欠缺既有的基礎，會耗費比較長的時間。

例如我原本的領域是教育，突然想要跳到法律的領域，兩者比較難找到關聯性，所以一直到修完法研所的課程後，才覺得掌握了一個新的領域。

只是原本的教育領域未必沒有功能，從求學到工作教書，也有 9 年的時間，若是加上大學兼課 15 年，已經有 24 年的基礎，未來可以利用此背景，將原有法律知識透過教育的技巧推廣，可以到各校演講，也能開設各種課程；換言之，即使不發展教育領域，這些年累積的教學經驗，也可以讓自己講授其他領域的知識時駕輕就熟，上課的教材也可以成為講座的素材。

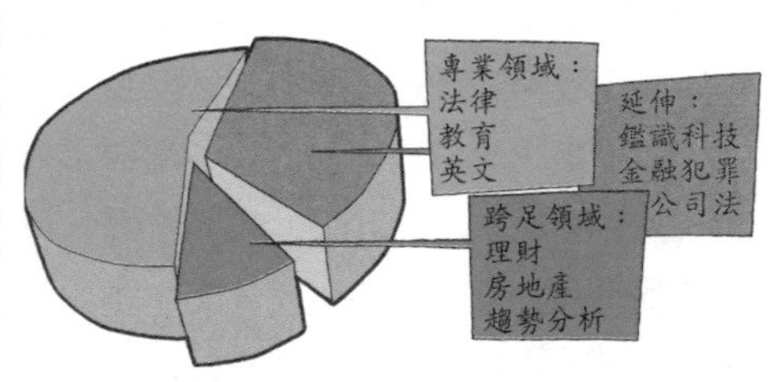

◎善用零碎時間◎

某日一位讀者在研討會後跟我打招呼，又提到了時間管理的問題。我以研討會的參與為例，對這一位讀者解釋自己如何將投入到研討會上的時間與心力，發揮到最大的效益。

首先，既然受邀參與本場研討會擔任與談人，對於這次的主題多少有一點概念，所以只要稍微看一下報告人的結論，大概就知道今天討論的重點所在，最後再看看其他與談人及報告人之間的對談有沒有擦出小火花，自己也可以適時地提出不同的觀點。

以我個人的經驗，當然不是只有到現場耍耍嘴皮子而已，往往會讀完所有報告人的報告，以數據分析、行為經濟學等特殊領域的角度，製作成生動活潑的簡報檔，在 10 至 20 分鐘的與談時間內，分享自己跨領域的思維。

扮演好自己擔任研討會與談者的角色之後，就可以在每一場 1.5 小時左右的研討會中，還有大概 60 分鐘的時間可以運用。可以把握零碎的時間，完成每個月要寫的專欄文章，也可以思考這一次研討會是否得以讓下一本新書有創意的火花；即便沒有火花，但如果有談到一些有趣的重點，可以將啓發自己的內容討論記下來，整理文字檔到電腦中特定資料夾內；如果時間許可，還可以進一步製作成簡報檔，若是沒有帶電腦，可以暫時用手機記錄起來放到個人專用的 Line 群組。

到了晚上，不需要特別思考臉書要貼什麼內容，白天研討會整理的心得，或者是利用空檔所寫的素材，就可以貼在臉書上分享。很多人會懷疑，自己努力才獲得的知識，平白無故就分享給朋友，這樣子好嗎？

無論是《圖解理財幼幼班：慢賺的修練》，還是《圖解理財幼幼班 2：數據迷思與投資情緒》，都不斷提到分享的重要，因為分享的前提必須將既有知識整理，並且在大腦中重建資料，如同「創造知識」一樣；分享之後，還可以接收臉書朋友有什麼回饋，透過回饋進行修正。

回饋是一件很重要的過程，主要有下列兩個觀察重點：

①是否屬於熱門題材：可以從點讚數與回應得知。

②反思內容：如果有反對意見，或者是原本沒有想到的思考點，都可以重新咀嚼後加入原本的素材。

再強調一次，怎麼樣才能快速成長，分享是一個必經的重要過程，也可以創造出自己的知識體系，這一點已經講過無數次，相信大家已經內化，只差執行罷了。

既有知識 → 重新結構化（創造知識）→ 分享 → 獲得回饋 → 修正

分享前，大腦必須先將既有的知識重新結構化，想辦法採取別人可以理解的方式進行分享，像是我喜歡使用簡報檔、圖解化的方式，讓讀者秒懂；接著，透過聽者滿足的回饋，如果有意見還可以重新修正自己的知識體系，經過「千錘百鍊」的琢磨，逐漸讓自己更形完美。

◎找到靈感源◎

如果沒有靈感，可以透過生活的體驗找一些新的大腦刺激，例如到日本東京新宿馬殺雞，學會 Happy、Ok 與 Change 的意義；到台中下埸三溫暖時，瞭解什麼是「敷臉」，將生活轉變為學習的一種方式，經驗成為賺錢獲利的素材（相關內容會以直播方式呈現）[1]。

租一部片子也是很豐富的資料來源；電影工業已經是頂尖知識工作者的結晶，許多電影素材突破舊有框架，能讓自己的思緒海闊天空、自在漫遊。像電影「全面啓動」(Inception)，談侵入潛意識，改變潛意識中的核心思維模組，就可以改變被入侵者現實生活的具體作為，藉此達到符合我方利益的目標；又如電影「鐘點戰」，生命以擁有多少時間來計算，每個人都有固定的時間，而時間又是交換的貨幣，靠工作賺取薪水就可以增加存活的時間，當擁有無限時間就可以享有長生不老。

接著也可以看一些國外比較少看到的資訊，聽經典的歌曲、頂尖的表演、大師的人生道理，進入到不同文化環境中，可以接受到更多的刺激；許多人現在單靠臉書的資訊即可知道天下事，只是真的是如此嗎？要特別注意一件事情，臉書會讓使用者看到與自己常互動者的資訊，對於落差較大的看法，很難出現在自己的塗鴉牆上；也就是說，資訊的寬度會因為只透過臉書這個平台而逐漸隧道化，只看到隧道那一頭微小的光束，周遭的事物都逐漸看不到了。

出國旅遊也是一種常見的方式。2015 年，我到英國倫敦參觀資訊安全與監控的一場展覽，當時有一些空閒時間，特別跑去徐志摩「再別康橋」中提到的劍橋大學（舊譯康橋），體會「輕輕的我走了，正如我輕輕的來；我輕輕的招手，作別西天的雲彩」詩中的場景。那天下午的劍橋之旅真的是美景不斷，證明一件事：徐志摩描述的場景都是真的。

當時因為時間的關係，沒辦法參觀其他特殊的景點，像是「巴黎地下墓穴」，2 千年的歷史、2 百多公里長的空間，藏有 6 百萬的白骨；對於看習慣地上建築物的人們，突然轉換場景到了地下亡靈之都，這可是一種轉換大腦思維的好方法；當大腦逐漸成形、固定化後，思考就容易僵化，較難天馬行空地想像，而特殊的旅遊景點能開啟大腦新的思路。

接著可以上網看一看國外書店的暢銷排行榜，前十名的書籍、電子產品，若是有國際展覽，看哪一個展區最夯？以什麼年齡層居多？才可以抓緊最近的趨勢。有時候可以親自跑一趟國外，旅遊不要單純旅遊，若能順便完成一些工作，還可以把旅費賺回來。

像是我每年到日本旅遊一次，主要的景點是各地大型或有特色的書店，像是日本東京的淳久堂書店池袋總店，有九層樓高，翻都翻不完的書籍；或者是東京代官山最美的蔦屋書店，目前雖然已經在台灣設有海外分店，但在日本的規模與感覺還是難以比擬。現場觀察暢銷書籍的擺設、讀者在翻閱哪一些書，接近第一線市場，搭配實際出版數據，感受更接近真實；買完書之後，再到咖啡屋，點一杯香醇的拿鐵，用手機翻譯難懂的日文，獲得最新的趨勢，可以作為自己出版的基礎。

又是旅遊又是工作，配上一杯溫暖的咖啡，
位處異國的滿足感將讓人難以言喻。

最後，也可以直接上網問網友，像是人生有什麼疑惑？想要學習什麼事物？聽聽大家最深層的困境，常常就會激發出很多點子與素材；如果臉書的朋友比較少，貼了文都沒人回應，也可以直接上 Google 搜尋看看，在很多大型的討論區中都會有豐富的留言。

一個人的知識經驗畢竟有限，不論是日本、英國；地上、地下；臉書、Google，都可以在許多事物中追尋到可以點燃柴火的火花。

◎不是每件公文都要回覆◎

績效制度推行多年，制度久了往往會走火入魔。

許多企業為了推動業務，對於第一線的行銷人員都會要求一定營業額的管考，並訂定管考規則與核發獎金流程，例如 DVD 補貨到影片出租店達到一定量之後，就可以領取不同等級的獎金。

為了達成業績目標，或者是想要領到業績獎金，很多業務員採取塞貨策略，但塞貨到通路商也要賣得出去，賣不出去就會退貨，可能會更慘。舉例來說，一月塞貨 100 萬，二月又塞了 100 萬，三月想要塞貨 100 萬的時候，因為一、二月賣不好，所以退回了 180 萬，導致三月營業額變成負數。另外，像是我買車喜歡買「領牌車」，就是汽車銷售員為了達到本月業績目標，先透過人頭把車子買下來，等到下個月再想辦法慢慢賣，因為形式上屬於「二手車」，價格上會低個 3 萬左右。

許多公家單位也採行績效制度，譬如說要向民間推動一些資訊安全的觀念，主管機關就會接洽相關機構，請求派員進行宣導講座，如果有舉辦場次，就會給予績效分數。一開始件數還不多，隨著每個月的績效公布後，各單位主管看到其他單位分數逐漸增加，就會開始緊張，要求每位外勤同仁全部都要聯繫各單位舉辦講座。

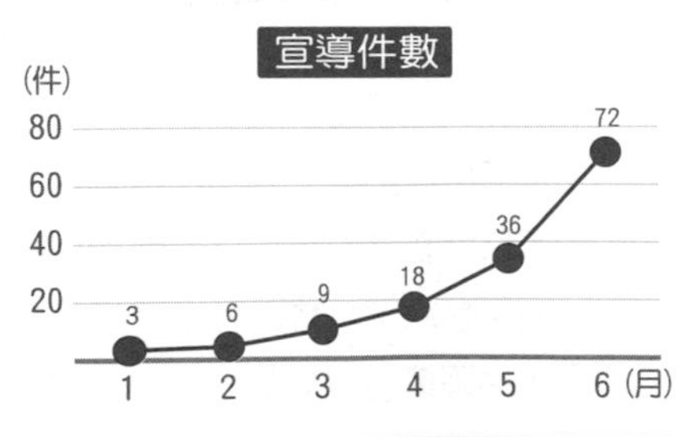

從上級單位的角度來看，每個月宣導件數逐月成長，代表績效驚人（如右圖）；但實際上到底有沒有正面的推廣效應，卻不得而知，只能機械式地核予外勤分數。外勤同仁只

要宣導一次，就有宣導的分數，至於實質宣導成效到底如何，就不是重點了，重點在於要分數。

這樣子的現象雖然不完美，倒也不是壞事，畢竟只要有聯繫，講多講少也多少有些功效。只是對於政策推動者而言，有一個蠻大的困擾，如雪片般飛來要求績效分數的函文，每件處理時間大約 30 分鐘，每天以 10 件公文計算，光處理這個項目就要花掉 5 小時。

我也有承辦類似的業務，除了宣導工作外，還有其他四種主要工作項目，這一項宣導的工作只是其中一項，每天卻花上 5 小時的上班時間在處理這些項目的公文，每天正常上班時間也才 8 小時，結果就導致加班常態。

可不可以修正流程呢？

首先檢視這 30 分鐘做了什麼，5 分鐘花在影印、蓋章、送文，25 分鐘在把對方的來函再打成簽呈以及回函，所以大多數的時間都花在函文的處理。當時曾經反應過可以直接在來函上直接簽註意見上去，不必另外寫一張簽文，然後也不必回函，直接用電子郵件回覆同意或不同意辦理，再將回信的內容印出併卷存查即可，或是設計一套系統，同意、不同意辦理，讓流程全部上線，速度也更快。

只是當時的主管認為有文來就要文回。面對這樣的處理方式，恐怕就是造成制度上的僵化，如果因為經費、技術的關係，無法設計一套軟體系統來簡化流程，仍然也可以透過簡單簽文、電子郵件回覆的方式來辦理。換言之，對於影響內部流程效率的因素，應該要時時檢討，找出更有效率的方法，別讓流程成為工作的目的。

許多企業、個人都會遇到類似的困境，應該要反向思考下列問題：

①為何文來就要文回？

②有這個規定嗎？這個規定的目的是什麼？

③如果沒有這個規定，是否可以有其他更有效率的方式可以替代？

④如果有規定，是否有修正的空間呢？

⑤如果確實有「文來文回」這個規定，也無法修正，會導致工作無

法完成的問題，就必須補充人力，否則一直要求加班，對員工的身心靈發展反而不是好事。

曾經聽過一家與影音產品有關的公司，因為網路盜版嚴重，使得公司營運每況愈下，到最後退貨數字居然大於出貨數字，更以裁員的方式降低成本，尤其是店面櫃台人員。

只是這家公司裁員之後，又不簡化工作項目，使得留下來的人必須接手被裁員者的工作內容，像是有業務人員必須找時間到櫃台去接待門市的客人，導致許多員工不堪負荷，離職潮快速浮現，反而徒增公司管理上的困擾。

想要以更有限的人力完成既有的繁雜業務，就必須設法簡化工作流程，除去不必要的多餘工作項目，這樣或許讓結果不是 100 分的完美，但如果有 99 分，少了 1 分，但能夠讓公司的整個成本大減，應該也不是一件壞事。

建議：

1. 隨時蒐集分析資料，利用平台分享給朋友，並獲得有幫助的回饋。
2. 有時間看不同的世界、電影、書籍，在自己不熟悉的領域中，應該可以有許多意外的驚喜。
3. 可以在臉書、Line 上丟出問題，藉由集思廣益，找到答案。
4. 簡化流程，別讓程序變成了工作的目的。

註 1 請參閱筆者臉書 http://www.facebook.com/mjib007。

手段不一定能達到目的

◎證所稅的失敗◎

政府常常提出許多反效果的政策，原本希望達到 A+ 的效果，但最後結果卻是 A-；舉個例子，像是 2012 年 4 月，劉憶如打著公平正義的大旗，希望開始徵收證所稅，如右上圖紅色框框，股市馬上低迷，日平均成交量降低到千億以下，隔年（2013）實施後，一直到 2016 年 1 月廢除證所稅（黑框部分），股市大多在 1,000 億以下載沉載浮。

少了成交量，就少了證交稅；舉著分配正義之大旗，想要透過法律要求投資人把賺到的錢吐出來，結果政府還沒多收到稅，卻因為上一次開徵證所稅讓股市暴跌的陰影猶在，這次又再次讓股市產生恐慌；沒收到證所稅就算了，結果還賠了證交稅[1]。

如果以 2013 年 1 月實施證所稅為分水嶺，前後各 5 年所徵收證所稅之數額變動，可以發現到整體歲收降幅非常驚人，若是以提出年度之前 5 年（2007 ～ 2011 年），與提出當年度之後 5 年（2012 ～ 2016 年）相比較，如右下圖：

前 5 年（2007 ～ 2011 年），整體證交稅稅收 5,240 億元，後 5 年（2012 ～ 2016 年）僅收 3,849 億元，足足少了 1,391 億元；每年之平均數則從前 5 年的 1,048 億元，降到 770 億元，少了 278 億元。

證所稅，原本是希望讓賺到錢的人也繳交一些出來，促進社會公平正義，看似理性的制度，但是投資人只為了自己私利，如同水往低處流一樣，自然會轉換到更低成本、更高利潤的市場，像是投資香港股市、

上市日平均成交量

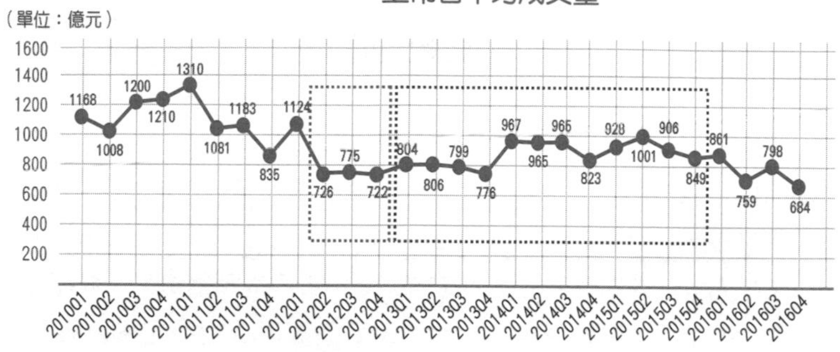

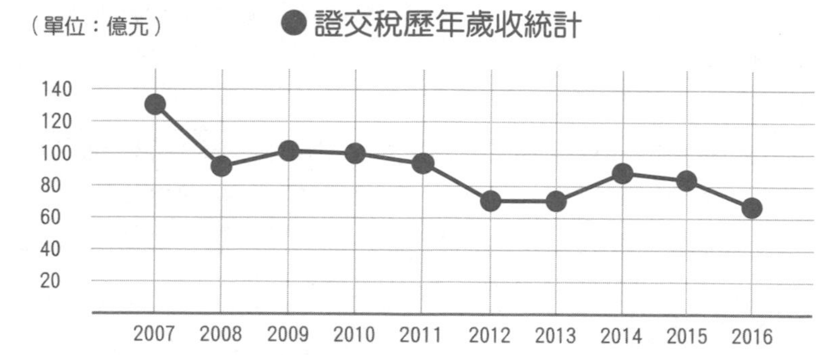

大陸股市，或者化身假外資後再來台投資，享受更低的稅率。

換言之，當一個政策是假設人們會朝向公平正義之目的，到最後卻發現人實際上都是自私自利、只顧自己，哪管什麼公平正義的達成，尤其是必須要犧牲自己的利益才可以達成公平正義。

只能說為政者太理想化了，看了太多的「禮運大同篇」，如果想要多收一些稅，說不定「反向降稅」給點小利，反而會有更多人參與投資交易。就像是小 7 賣咖啡，點了中杯拿鐵 45 元，會問你要不要加 5 元就可以升級為大杯，因為大杯的價格 55 元，加 5 元就升級成大杯；成本可能才增加 2 元，就可以讓消費者多掏了 5 元來。

讓一點利，反而招來更多利。

◎遺贈稅的政策◎

遺產稅與贈與稅（以下簡稱「遺贈稅」）中的遺產稅，有稱之為「機會稅」、「暴斃稅」，指納稅人可以透過許多方式，提早避開此稅收，只有突然暴斃來不及安排好的有錢人，政府才有可能課徵到遺贈稅。

像是溫世仁先生突然辭世，身為英業達集團前副董事長，據報導遺產高達 125 億元，廖姓情婦為了爭取遺產的分配，於溫世仁逝世後，立即辦理父女 DNA 比對，結果卻顯示廖姓情婦的 15 歲女兒與溫世仁之間並無血緣關係，原本以為扣除遺產稅之後還可以分到 15 億元，突然化為烏有[2]。

姑且不論這一段八卦傳聞，溫先生與其配偶先後於 2003 年及 2007 年逝世，繳納的遺產稅高達 60 億元，僅略遜於台塑集團創辦人王永慶先生[3]，而這兩位辭世都有些突然，節稅措施可能都是不足的；台灣首富蔡萬霖先生所繳納的遺產稅，遠不及突然辭世的溫先生的十分之一，即顯示出此種稅收之特徵[4]。

換言之，基於國際資金流動的便利性，想要調高遺贈稅，並以此多出來的稅收來支應長照費用，恐怕會因為避稅誘因的增加，使得得以抽取稅收的遺產贈與降低，致使原本想要調高稅率來作為長照特種基金的美意消失，亦成為「穩定」財源的成效不大。

前總統馬英九先生於 2009 年 1 月 23 日將遺贈稅砍至 10%，由最高 50%累進稅率改成 10%單一稅率，以期降低避稅誘因，鼓勵資金回流[5]；如果資金能回台投資，雖然少了遺贈稅，但是卻能提高投資額、消費稅等，對於社會整體利益應該是增加。

以下整理了該次遺產稅與贈與稅降稅率前、後各 8 年的政府稅收所得，計算結果分別是 2,220 億元與 2,440 億元，差別並不大，反而成長了 9.90%[6]，參考右頁表：

	2001	2002	2003	2004	2005	2006	2007	2008	小計	合計
遺產稅	19,462	19,417	24,671	23,162	24,109	23,516	21,779	23,871	179,990	222,055
贈與稅	3,248	4,119	5,434	5,885	6,341	5,177	6,701	5,106	42,105	

（單位百萬元）

	2009	2010	2011	2012	2013	2014	2015	2016	小計	合計
遺產稅	17,224	31,264	15,847	19,276	14,076	13,450	18,384	25,485	154,980	244,019
贈與稅	5,102	9,065	7,811	9,004	9,651	11,993	14,380	22,029	89,039	

（單位百萬元）

接著分別就遺產稅與贈與稅進行觀察，遺產稅的部分，2001 至 2008 年間與 2009 年至 2016 年間，則總金額為 1,800 億元降為 1,550 億元，差了 250 億元，降低幅度 -13.89%[7]。若非 2010 年度應係王永慶先生之遺產稅而暴增，否則平均降幅應該更低。（參照下圖）

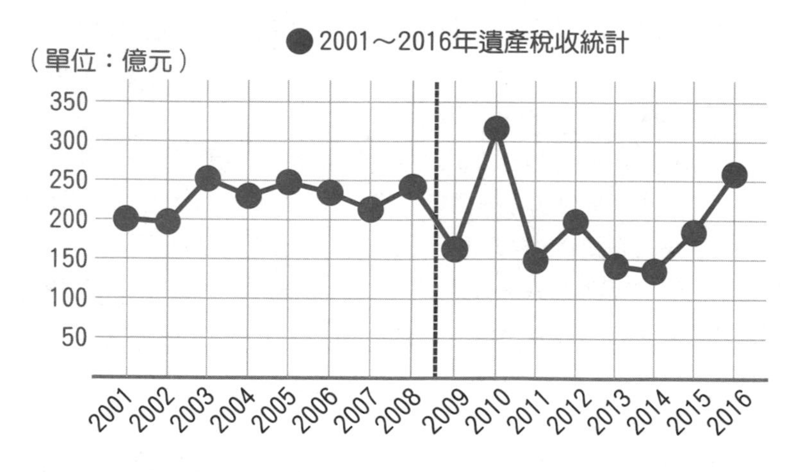

所以從遺產稅來看，2009 年之前，呈現一種較為穩定之狀況，有可能是很難扣到有錢人的遺產稅，非有錢人的遺產稅比較穩定；降低之後，非有錢人的遺產稅大幅度降低，但是靠著有錢人的遺產稅，偶爾會

大幅度增加，呈現一種大幅波動的狀況。

接著，我們來看一下贈與稅的部分，則呈現逐年成長的趨勢（參照下圖）。相較於 2002 至 2008 年所收的 420 億元，2009 至 2016 年所收的贈與稅總數，增長 890 億元，增長了 110.90%。

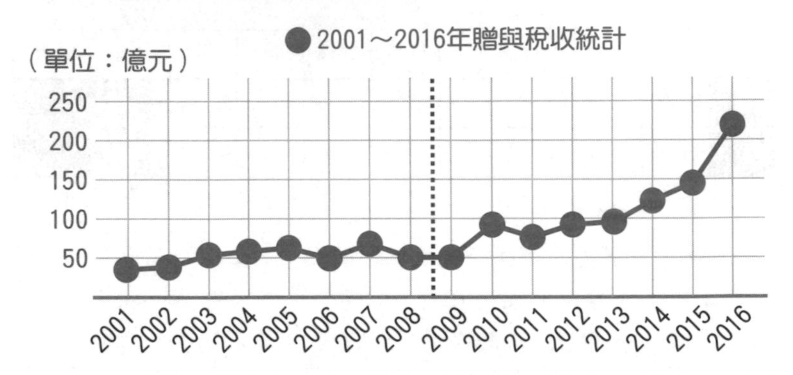

所以遺贈稅的稅率調降，長期來看，稅額反而增加，雖然可能有多重因素導致增加的結果；如同朱敬一先生針對調降遺贈稅的政策有不同意見，指出將導致「資本分配效率」的疑慮，並認為即便將會收到較多的稅，也不應該採行 10%的稅率[8]。

我認為這樣子的見解，如同從禮運大同篇的世界出發，「人不獨親其親，不獨子其子」，似乎大道之行後，人類都沒有私慾了，但問題就在於人類還是有私慾，大道也還沒運行，不能在亂世的背景中，推行「大同世界」才會有的政策；這樣子的世界只是理想，實際政策的運作還是要考量人性；如同行為經濟學與傳統經濟學的論辯，傳統經濟學家的出發在於理性、自利，但人性常常不是理性，也未必都會自利，錯誤的出發點將導致錯誤的政策結果。

為了找到長期照顧服務法的財源，遂於 2017 年 1 月 26 日修正該法（2017 年 6 月 3 日施行），同時增訂並調高遺產稅、贈與稅，從現行的 10%提高到最高 20%，作為特種基金指定財源，進一步強化長照的服務效能與能量。

此一修法是否會促成避稅的誘因，讓資金跑離台灣，致使稅率調高到 20%，也對整體稅收並無助益，這方面還值得觀察。我認為可以調升至 20%，再透過長時間的測試，找到最佳稅率的「甜蜜點」，每隔 5 至 10 年依據所徵收數目隨時檢討。

◎該給的利潤不要少給◎

常聽到「蘋果概念股」，股票的漲跌都依賴蘋果公司的消息，台灣提供蘋果公司完整的生產供應鏈，分到的利潤卻少得可憐，1 台 2 至 3 萬的手機，供應鏈只能賺得 0.6%，70%的獲利都被蘋果拿走[9]。

身為蘋果「長工」的供應鏈，為了獲取更大利潤，只好控制成本，「人力成本」是最常被壓抑的項目；因此企業不斷將工廠搬遷到其他國家，只要可以提供稅賦優惠，又能提供廉價勞力成本的地區都可以，從以前的亞洲四小龍，變成中國大陸，現在則是東南亞地區。

當你想要控制成本，薪資總是在最低底線附近搖擺，只能招來羊群為你工作，狼群與雄獅根本無法被你那少得可憐的薪水所誘惑。因此缺乏有願景的人才加入，只剩下願意接受最低薪資的長工加入，自然企業的產品無法提升，永遠都是賺 0.6%。

有些錢可以省、有些錢卻不能省，但企業現在什麼錢都想省。

像是某五星級大〇〇和飯店被爆使用過期冷凍蝦上桌，不但遭主管機關調查，該飯店也趕緊公開致歉，為了省食材成本，卻打壞了多年經營的品牌[10]；這種為了提高獲利，什麼都不顧，也忘記餐廳是為了提供美食的目的，幾乎變成一種社會的「正常」氛圍。

分享一個周遭朋友分享的案例……

小毛工作了一陣子，為了賺更多的錢努力工作，每個月沒有放幾天假，只是為了老來能安養天年，年輕時努力一點、多吃點苦，也不算什麼。政府為了讓勞工生活更好，2017 年突然推動「一例一休」的勞工新制，許多企業為了規避新增的加班成本，於是增聘兼職人員因應，扭曲了新制的美意[11]；小毛也不例外，老闆暗示地說，沒辦法讓他排那麼多班了，必須聘一些兼職人員來補足他的空缺；小毛屈指一算，少排幾天班，減少近上萬的收入，對於收支已經吃緊的口袋，眉頭一皺，恐怕連租房子的錢都不夠，於是只好跑去另一家派遣公司上班，再派遣回原公司做一樣的工作，變成「一專一兼」的規避手法[12]。

只給香蕉，不要以為來的會是獅子。

給薪水好比是學習知識一樣，知識必須要分享，因為分享的前提是重新建構自己的知識體系，然後再將咀嚼的知識分享給朋友，朋友也可以有所回饋；所以，不要吝於分享，分享的過程與結果是美好的。

同樣地，對利潤也要適度地分配，老闆不要把有限的利潤全攬在自己身上，克服「賺還要賺更多」的弱點；聰明的領導者擅於分配，會抑制自己「賺還要賺更多」的想法，如同我在《圖解理財幼幼班：慢賺的修練》所提倡的「慢賺」，分潤給夥伴才能持續成長；當員工滿意於現在的分潤機制，就願意付出更多的心力，而不會快到下班時間，就在刷卡機前面排隊，時間一到馬上刷卡離開，不願意被多壓榨 1 分鐘。

反之，願意付高薪的 Google，動輒 500 萬元的薪資外，更提供各種福利，讓員工引以為榮，並願意為公司盡心盡力；我曾參觀老哥在 101 大樓的 Google 辦公室，全天提供的免費餐廳，辦公室都是免費的高檔零食，累了有按摩椅，看著窗外的景色、享受按摩的快樂，把辦公室當作自己的家，從按摩椅起身後自然願意付出更多的心力。付出，才有收穫；想要節省員工福利付出，自然沒了收穫。

註 1 股市低迷的原因很多，也許是投資工具變多，一定比例的年輕人轉向槓桿較高的操作工具，年輕人不買股票，也被認爲是市場的危機。參考不是沒錢專家：年輕人不買股票都玩這個，http://www.appledaily.com.tw/realtimenews/article/new/20170526/1126579/。

註 2 溫世仁情婦爭 125 億遺產，http://www.appledaily.com.tw/appledaily/article/headline/20040205/692405/。

註 3「億萬富豪」遺產稅繳多少？第一名居然是，http://news.ltn.com.tw/news/society/breakingnews/1124557。

註 4 暴斃稅改成神奇稅，http://www.appledaily.com.tw/appledaily/article/headline/20081016/31052250/；遺產稅王永慶、王永在繳最多，http://www.chinatimes.com/newspapers/20160822000027-260202。

註 5 從「暴斃稅」到「繼承稅」，http://www.chinatimes.com/newspapers/20160408000069-260202。

註 6 新政府擬調高遺贈稅，http://www.chinatimes.com/realtimenews/20160612001189-260410。

建議：

1. 新策略實施後的結果，如果與預期相反，原因應該是忘了考量「人性」。
2. 克服人性「賺還要賺更多」的弱點，勇於分潤，才可以獲得更多的回報。

註 7 國情統計通報第 070 號，http://www.dgbas.gov.tw/public/Data/64209912YWQ0WRY9.pdf。
註 8 拆穿六年前遺贈稅率降爲 10% 的七大荒謬，https://buzzorange.com/2015/06/11/tax-ten-percent/。
註 9 台廠代工 iPhone6 一支僅賺 135 元，http://www.cw.com.tw/article/article.action?id=5061436。
註 10 五星級大倉久和過期蝦竟上桌，http://www.appledaily.com.tw/appledaily/article/headline/20170315/37584191/。
註 11 一例一休南部產業成本增 6.6%，http://www.appledaily.com.tw/appledaily/article/headline/20170325/37595221/。
註 12 規避休息日加班費，雇主怪招齊發，https://udn.com/news/story/10681/2210742。

比別人快的科技工作管理術

◎抓對關鍵字、留下資料線索◎

Google 的搜尋功能之好用，可謂人盡皆知，我也幾乎每天都會利用 Google 來搜尋資料。搜尋引擎如同「工具」一樣，要瞭解其性質才能發揮最大的效能，就像是一條九節鞭的兵器，如果沒有經過一年半載的練習，可能還沒打到敵人，就先砸到自己的頭。

我年輕練武術的時候，也曾經練過九節鞭，剛開始學習時，因為需要練習 360 度的快速旋轉，有點像是風火輪的感覺，但有時轉到一半，會突然忘記下一招該怎麼轉，一個心思上的停頓，讓身體忘了甩動九節鞭，有一次就因此讓甩到半空的鞭頭失去了動力，直接掉了下來砸到頭部，疼痛感到現在還是難忘。

搜尋速度要快，除了使用高效能的搜尋引擎之外，抓對關鍵字也很重要，譬如我想要找人口的統計資料，如果只是輸入「人口」，雖然也會找到人口的統計資料，但會跑出來比較多無關緊要的資訊；如果是「人口統計」資料，則跑出來的資料會與數據統計比較有關係。

只是並非每一次的搜尋都這麼順利，或是常常找了半天也找不到想要的資料，通常是關鍵字下錯。這時候如果無法求助他人，就只能慢慢多嘗試幾個關鍵字，還是有機會找到目標資料，當資料離目標愈近，從找到的資料可以發現其他可以使用的關鍵字，修改關鍵字後繼續搜尋，往往會有讓人滿意的搜尋效果。

除了 Google 的搜尋功能，有些學術網路對資料搜尋也很有幫助，我願意在中央大學教書，有一部分的原因也與可以查找資料庫有關，只是這類型資料庫的使用方式會比較複雜，可能要熟悉一段時間，才能將搜尋效果發揮到最大。

為何要留下資料線索？

有時候是否突然腦中靈光乍現，想到以前看過的一筆資料，但想不起來那個資料是來自何處，因此無法找到整體資料，只剩下腦中殘存的一小部分。

人的想法會隨著成長而改變，今天看到的資料不代表明天還是一樣的想法，有時候會回頭找出過去看到的資料再看一次、再體會一次，因此我都會留下資料的線索，如同麵包屑一樣，可以找到回家的路，像是網址連結、書籍名稱與頁數，有助日後回頭翻閱。

◎檔案不需要一個一個打開來找資料◎

請同事幫忙找一些資料，有些同事會百般不願意，哀求再三才勉強在電腦中翻尋；當時我在旁等待並邊觀察同事如何找資料，居然發現一個驚人的秘密！原來這位同事並不太會找資料，所以要把檔案一個一個打開來找，所以其實並不是不熱心，而是這樣一個一個找，會占用很多工作時間。

電腦中文書檔案成百上千，每個檔案的內容可以好幾頁，甚至成百上千頁，要在裡面找到特定文字還真是困難。

實際上只要運用一些小小的科技手段就得以解決。

像是利用電腦系統內部的搜尋功能，可以搜尋「標題文字」，因為搜尋標題文字的速度比較快，所以即使是整顆硬碟，也不會花上太久的時間；如果平時檔案名稱就有設定好關鍵字或有邏輯的編排檔案，很容易就找到想要找的資料。

可是有時候想要搜尋的關鍵字未必會在標題中出現，這時候就必須搜尋「檔案內容」，花費時間當然會比較長，建議不要搜尋整個 C 槽，可以限縮在特定資料夾，像是我常用文件都有分類放好，鎖定特定資料夾，再以關鍵字搜尋「檔案內容」，可以加速整體的搜尋速度。

●使用 Chrome 瀏覽器的書籤

每個人都有許多常用的網站，你都存放在哪裡呢？

因為自己使用的是 Chrome 瀏覽器，所以我都使用該瀏覽器的「書籤」功能，而且還可以在網址列下方加一行書籤，為了能讓那一行顯示最多的網址，於是將常用網址以一個字來替代。

舉個例子，國內的「公開資訊觀測站」名稱相當長，如果每個字都保留，整排書籤可能只能留下五個不到的重要網址，因此我只留下一個字「觀」，因此我在短短的一行書籤中，留下了十六個重要網址，對於每天都要瀏覽的網站來說，變得非常地方便。

每隔一段時間，可能會發現自己常用的網站變更多了，這時候也可以很輕易地以滑鼠上下移動書籤，重新調整書籤的先後順序，讓順便變得比較優先的可以排入這十六個網址之中。

這個書籤功能在早期的瀏覽器中就已經存在，各品牌都有相同的功能，只是 Google 整合得非常好，所有資料儲存在雲端，換一台電腦也一樣看得到別台電腦設定的書籤。

Google 類似的小功能非常多，像是行事曆也非常好用，而且可以與手機、平板等相通，所以我新增了一場講座、會議，會立即上網進行查看，看看有沒有與其他活動時間相衝突，並且馬上新增活動、同步更新。Google 這麼多好用的功能，秘書的功能將逐漸式微，只要有科技小秘書在身邊，老闆還可以兼撞鐘。

建議：

1. 科技設備如同工具一樣，必須先瞭解如何操作，才知道如何利用工具幫助自己。
2. 平常新增檔案的時候，就要在檔名上設定好關鍵字，有助於日後搜尋。
3. 善用書籤功能，讓自己每天固定蒐集的資訊速度更快。

Chapter

6

學習力

勇敢投入資本支出

◎台積電的成功◎

2009 年時值金融海嘯，市場充斥肅殺之氣，經濟冰到極點。台積電為了因應金融海嘯的影響，當時執行長蔡力行做出了並不讓市場意外的裁員決定；不過，此舉也讓蔡力行去職，張忠謀回鍋執掌台積電，並向被裁員的夥伴提出了道歉信。

我於《圖解理財幼幼班：慢賺的修練》中，本來是要將台積電分類為寒風中裁員的企業，但後來因為張忠謀先生的介入，重新找回被裁員的員工，才對其評價改為寒風中願意栽培有價值人才的企業，未來股價將有一番作為，果然到了 2017 年，股價也一舉突破 200 元。

台積電從裁員企業，轉變為珍惜人才的企業，更願意在研發上花大筆資金，與世界一流的企業競爭。參考右頁圖表中台積電資本支出增加的金額，呈現持續上揚的趨勢，短短幾年間股價從 40 元來到了 180 元之間，呈現一定的關聯性。

我們自己也要學習企業的精神，能夠拿出大部分的獲利，投資在未來的成長。我當年五專畢業後，可以選擇進修的管道並不多，最後選擇回到輔仁大學進修法律系，接著花了很長的時間唸了兩個碩士、一個博士，尤其是在中正大學攻讀博士時，台北嘉義來回 500 公里，加上平時上下班，1 年開車里程高達 4 萬公里，而且還遭遇油價最高的時候，光是油錢，每個月就要近 9 千元。

此外，像是書籍成本、電腦和印表機的配製，還有耗費了許多的時

間撰寫論文，再加上博士研究的領域是行為經濟學，要從一個純法律人接觸一些金融領域的知識，實在是頭暈腦脹地苦學了 3 年，整個過程非常辛苦，但這些就是對於自我的投資。

所有的投入，也在博士畢業後升格為助理教授，慢慢地收入開始翻倍、再翻倍，就如同台積電一樣，當不斷地將資本投入研發最先進的技術，將自己打造成可以與世界競爭的角色，自然水到渠成，一切的獲利也就接踵而來。

◎錯誤的資本支出◎

很奇怪的一件事情，投入成功的資本支出，方向與做法很簡單，對的方向只要堅持走下去，成功就在不遠處。可是有許多失敗的例子，不是方向錯了，就是無法堅持，政府通常是最好的錯誤範例。

行政院於 2017 年間推出八千八百億的「前瞻基礎建設」，以特別預算的方式為之，綜觀項目包括軌道、水環境、綠能、數位、城鄉等五大項目，但經費比例差距甚大，其中的軌道建設就高達 48%、城鄉建設 16%、水環境建設 28%，剩下的綠能與數位建設加起來不過是 8% [1]。

行政院長表示：「投入 8800 億元，預計可帶動民間企業投資約 1.77 兆元；維持年度預算不變，經濟成長率會增加、稅收增加，舉債會逐漸降低[2]。」（如右頁圖）

這就是資本支出的概念，讓能力升級，收入自然能上升。

【大官員思考流程圖】

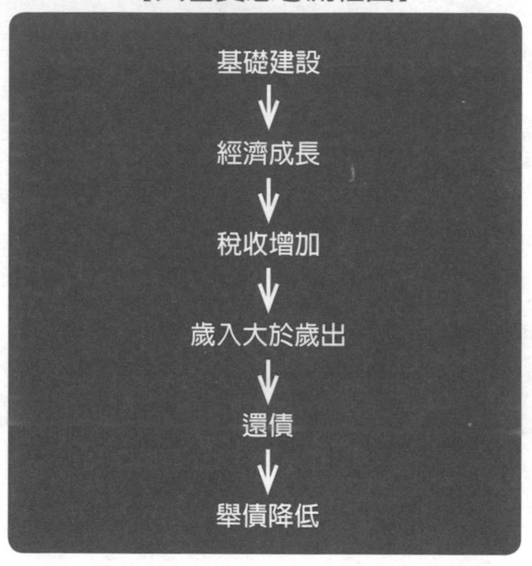

這一個思考流程一般來說並沒有錯，不過「前瞻基礎建設」是否能達成「經濟成長」的目標，就是讓人擔憂的地方。或許這樣子還是有點難懂，以年輕人再次進修為例，來說明大官員的思考邏輯。

年輕人小毛跟媽咪說：「媽咪，我想要花 100 萬去進修！」

媽咪聽了嚇一跳：「你年收入有 200 萬元，但支出高達 250 萬，負債已經累積了 600 萬，現在還要花 100 萬，錢從哪裡來？」

小毛很有信心地回答：「200 萬卡得很緊，吃吃喝喝、手機費、汽車貸款、租金，沒有錢付這 100 萬元，所以當然是『舉債』囉！但媽咪相信我，當修業完畢後，全面能力提升，可以賺更多，就可以還錢了。」

媽咪深知小毛超級會畫大餅，於是又問：「你是去進修什麼？」

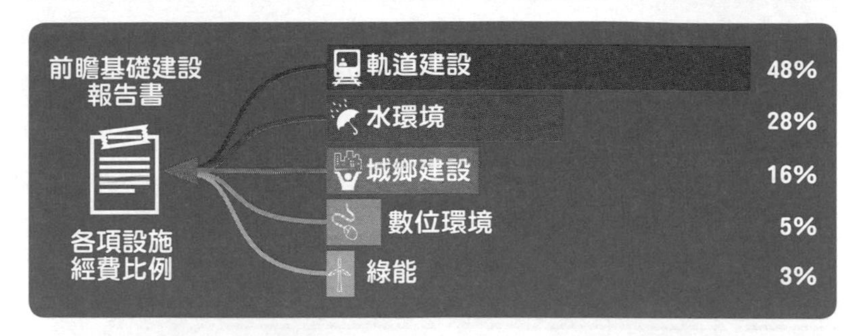

「很多啊！其中 48 萬參加跑車訓練營，學習如何駕駛跑車！而且還是無人車，以後通勤更方便。」小毛很有自信地回答。

媽咪冒了一身冷汗，問：「你不是會開車了？學開跑車對你未來薪資的提升有幫助嗎？還是以後要轉行高級車廠工作？」

「沒有啊！開更好的車，會讓我們生命品質有所提升。」小毛眼神望著遠方泛綠的森林，訴說著充滿未來的人生。

老媽對小毛的邏輯整個傻眼，心中暗忖：怎麼會生這個敗家子；接著繼續追問：「還有什麼可以讓薪資成長的項目？」

小毛轉著左右手的拇指與食指：「其中有 28 萬買了飲水機！」

老母傻眼，續問：「還有呢？」

小毛不慌不忙地說：「當然有囉，拿 16 萬元就把家裡空房間改建一下，等你老了可以住，我很孝順吧！嘿嘿！」

老母抓了抓著頭，感覺有點欣慰，但又有點不安，所以又繼續追問：「那只剩下 8 萬，總該有些長進的項目吧！」

小毛笑了一下：「有啊！最近聽說核電廠要除役，怕沒電，所以屋頂搞了個太陽能板，還把家裡的網速提升了，這樣就可以飆網囉！」

老媽聽完昏倒，心中暗泣，以後一定得拿養老金來填這個坑了。

◎經濟到底該如何成長？◎

GDP 的組成，包含消費、投資、政府支出與淨出口。

目前 GDP 的當期價格大約 17 兆，由 1990 年起迄今，消費占 GDP 的部分約 52 至 57%，以比例來說相當穩定[3]（如下圖）。只是在未來老年人口快速提升下，消費恐怕會逐漸與日本一樣難以提振[4]，不論是國內或國外的投資方面也每下愈況，所以只好靠政府支出來撐場面。

●個人消費占GDP比率

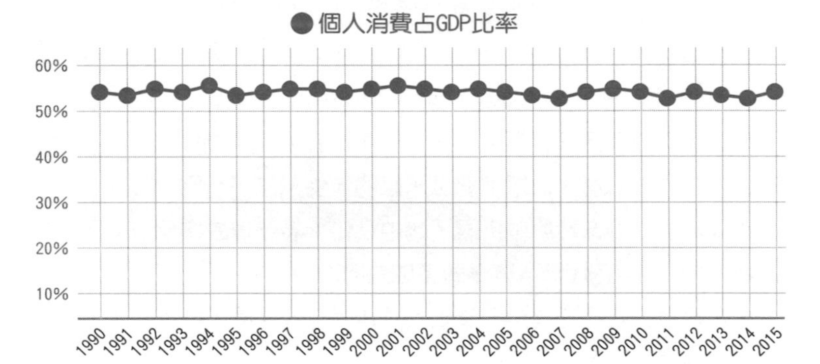

不管是不是靠政府支出來撐住 GDP 的數字，「前瞻基礎建設」，顧名思義，應該是讓國家「產業升級」為目的所進行的國家重要基礎建設，但綜觀整個計畫裡面，給百姓的感覺就只是讓人民生活更舒適、升級的爽樂模式，頂多有助於觀光。

此一基礎建設計畫中，勉強看起來與產業升級比較有相關的應該屬於數位、綠能這二個項目，但翻尋其具體細項中，卻看不出來有什麼提升產業的功能，就算有功能，其投資金額占比也少得可憐[5]；感覺只是陪襯之用，整個前瞻計畫還是以軌道計畫的錢坑建設為主，讓地方利益團體得以雨露均沾。

所以如果只有軌道建設，讓民眾一看就看出其目的，搭配著金額不高的數位、綠能項目來掩飾其目的；數位、綠能項目的金額為什麼這麼低？發展無人車、人工智慧城，應該都是要投入大筆資金的項目，不也符合我國老人化結構的趨勢嗎？

話說回來，數位、綠能大多是爽樂項目，頂多算是現有設備的更新與升級，看不出來有打破現有框架的突破性革新；雖然金額高不一定有成效，但會不會是根本不知道要做什麼的無頭蒼蠅，反正政客主觀上認為只要錢灑下去，維持一定的 GDP，下一屆選舉時還可以順利選上，對於政客而言，這才是比較重要的目標。

建議：

1. 當你投入一定資本，努力一段時間並且開始獲利後，要繼續投入新的資本支出，才能維持領先的地位。
2. 年輕的時候，要勇於把賺來的錢進行自我投資，等到老了還是要持續不斷地維持投資。
3. 投資自己的錢要花在刀口上，並不是花了大錢就能提升自己。

註 1 前瞻基礎建設計畫，http://www.ey.gov.tw/News_Content.aspx?n=4E506D8D07B5A38D&s=5BB499BE2247F7AD。

註 2 談前瞻基礎建設林全：舉債不會繼續增加，https://udn.com/news/story/1/2360037。

註 3 台灣－各 GDP 細項比重，https://www.macromicro.me/collections/11/tw-gdp-relative/111/tw-gdp-percentage。

註 4 從理論上來說，如果 60 歲以上家庭的收入能進一步增加，那麼老年人消費可能引領經濟發展。但在社保支付能力日益下降的將來，實在難以想像老年人消費成長這一前景。參見從數據看老年消費的實態，http://www.nippon.com/hk/in-depth/a04901/。

註 5 前瞻基礎建設計畫，http://www.ey.gov.tw/News_Content.aspx?n=4E506D8D07B5A38D&s=5BB499BE2247F7AD。

閱讀的供需法則

◎學習是需求性的◎

《圖解理財幼幼班：慢賺的修練》預購之初總共才 16 本，口碑雖然不錯，但算是理財界菜鳥，還是經過了 1 年 9 個月才再刷；口碑是累積的，出版《圖解理財幼幼班 2：數據迷思與投資情緒》時，沒有誇飾的宣傳，在臉書舉辦簡單的預購活動，兩本加起來已經突破 200 本。

只是「理財幼幼班 1」的故事比較多，屬於感人肺腑型，讀者很容易產生共鳴，學習者因為產生了共鳴，對於書中的內容會有認同感；只是學習之初期適合使用共鳴的故事，但是到了學習中期之後，就不能只靠故事，光是認同感還不夠，大腦還是要進化。如同面對幼稚園、國小的小朋友，老師總是輕聲細語，鼓勵多於責難；但面對大學、研究生則就不一樣了，教的內容都很艱澀，態度也要非常嚴謹。

為了讓讀者的大腦能持續成長，所以「理財幼幼班 2」內容偏艱澀一些，希望讓讀者逐漸脫離幼幼班的奶嘴生涯，往大學、研究所的學習階段邁進。這一本書增加了許多數據分析，必須要動手算，並且把一些枯燥的章節放入其中，像是如何閱讀書籍，使得我很擔心大家買了這本書，看完頭幾頁，就因為看不下去而擱在一旁，浪費了錢又沒效果，那可是罪過了。

也不只是這本書有此困擾，市面上有許多經典好書，像是《二十一世紀資本論》深獲各界好評與討論，可是周遭能看完的朋友卻很少。有一次在中央大學資管系上「商事法」課程，聊到《二十一世紀資本論》，當時出版已經有 2 年，知道的同學倒也不少，問到有誰實際翻起來看過？只有三、四個同學舉手，更別說有看完的人，只有一位搖了搖頭似乎對於看完這件事情沒啥自信的同學，勉強算是有看完吧！

這是一個必須面對的問題，對於這種大家推薦的書，可是打開一看卻很想睡覺，該怎麼解決看不完的困境呢？學習是一種需求性的行為，有需求，再難的內容都會想辦法看完；沒有需求，買來抱在手中，只是讓自己感覺有那一咪咪的文學氣質，其他一點用處也沒有。

最近玩了一下直播，成立了臉書的「理財直播群組」，有一半的直播設定成這一個群組才能看，目前已經有兩百多位成員，大家都很認真地學習。因為我的專長是數據分析，所以我通常會找一個主題，然後直接開直播，讓大家跟著我一起解決問題，這種做法當然無法像是教材已經設定好的直播那樣得順，會有很多時間卡卡的，但我思考的邏輯會說明出來，找資料的方法也會告訴大家。

對於學習者而言，希望效果好的話，建議大家用手機看，同時準備一台筆電一起跟著做，就很像是看做菜的過程，如同跟著一位米其林三顆星的主廚，如何去菜市場買菜、買來的菜要如何處理，做菜的過程會遇到什麼問題，這些都在螢幕上呈現；其中有許多部分的流程是大家可以跟著做、跟著思考；又好比餐點教室，一開始可能只是為了賣食譜、賣餐具，附帶一些課程，後來發現學生需求殷切，居然反客為主，成為主要的銷售模式，來上課還送你一本書。

跟著做，才能思考、發現卡卡之處。

嘗試在看直播的同時動手實做，學習與思考會更為敏捷，可加入 Line：m36030 取得連結，或觀看直播一同學習：

◎二招讓你不再欠書債◎

江湖一點訣，說穿了不值錢，對於沒啥深度需求，只是因為大家都在看的好書，該如何讓自己看得下去呢？解決之道並非難事，我提供一些小技巧，可以解決困難的書無法閱讀下去的困境。

●第一招，不要從頭看：先瀏覽大綱，先看自己覺得有興趣的章節；例如《二十一世紀資本論》這本稍微硬的書，讀者從頭看到尾直接閱讀可能會崩潰，如果真的想看這本書，可以先掃一下大綱：

第一部：所得與資本
第二部：資本／所得比的演變動態
第三部：分配不均的結構
第四部：二十一世紀的資本規範

因為一直懷疑為何有錢人就很有錢，窮人卻無法翻身，這屬於分配不均的議題，可以進一步看「第三部：分配不均的結構」的細部大綱：

7 分配不均與集中化：初步概念
8 兩個世界
9 勞務所得的分配不均
10 資本所有權的分配不均
11 個人才能與財產繼承的長期趨勢
12 二十一世紀的全球財富不均

若是想要瞭解自己為何只有領 22K，勞工最低基本工資是否該調升到 3 萬元時，可以翻閱第 9 章節「勞務所得的分配不均」，其他章節暫時先不要看；因為有興趣、有需求，會比較看得懂內容，如果搭配著算數據，很快就能理解這本書的概念，也可以瞭解我國與法國的差異（作者是法國人，本書以法國的背景為主）。

看完《二十一世紀資本論》後，還要進行橫向閱讀，也就是尋找其他類似書籍的章節看看有沒有一樣主題的討論，更有趣的是，你會發現不同國家、不同作者，對於同一議題居然會有不同的看法，也會提出不同的解決之道；畢竟每位作者的背景都不同，每個國家遇到的經濟困境也有差異，不能直接採取作者的建議，而是應該要參考自己國家的數據來作調整。

像是《窮人為什麼變得更窮》這一本書，作者共有兩位，分別是阿蒂夫 · 米安 (Atif Mian)，現為普林斯頓大學經濟學教授；另一位則是阿米爾 · 蘇斐 (Amir Sufi)，現為芝加哥大學布斯商學院財金系教授；這本書提出「責任分攤型房貸」的解決之道，可是日本的知名趨勢大師大前研一雖然對本書給予正面的評價，但對於最後的建議則不以為然，認為根本不可行。

因此會發現，如果你只看一位作者的書，可能會覺得其內容與論證很有道理，但比較許多書的論點差異，就可以衝撞自己的大腦，開啓自己更多的思維方向。

●第二招，看簡單的導讀書或作者自己的導讀介紹。再回頭來講一下《二十一世紀資本論》，這一本書真的不太好閱讀，所以市場上有許多圖解的導讀書，薄薄的、又有很多圖，可以幫助讀者迅速切入重點，譬如十力文化出版的《圖解二十一世紀資本論：皮凱提觀點完全解說》，在我閱讀原著作的過程中，能更快速地瞭解作者的想法。

有時直接看原著，再看導讀書，就好像是看讀者心得，可以找到自己閱讀的盲點；我自己並沒有金融財經領域的背景，對於相關經濟學的概念，還是要跟隨著專家的腳步，透過這些將艱難文字簡單化的「轉換者」，可以讓我們快速進入各種難解的專業領域。

另外一種，就是有些作者會協助導讀。

以前我會拍一小段的影片，有些會編輯，有些會不編輯直接上傳，但效果有限。現在流行「直播」，可以一對多地面對讀者，而且還可以進行簡單的互動，時間可以很長，也不必擔心上傳的問題。

有些財金專論的作者很有名，甚至有 18 分鐘 TED 演說的經驗，18 分鐘可以快速瞭解作者的概念，像是行為經濟學家丹 · 艾瑞利（ Dan Ariely），寫過很多膾炙人口的好書，如《誰說人是理性的》、《不理性的力量》及《誰說人是誠實的》等書，如果覺得著作內容太多，看起來很辛苦，可以先看 TED 演講的內容，也是一種快速導讀[1]。

為了避免讀者將「理財幼幼班 2」束之高閣，所以我經常利用直播的方式直接與讀者對談，建議大家可以先挑有興趣的章節，畢竟「理財幼幼班 2」並不是小說，不需要從頭看到尾才能連貫，可以在其間跳來跳去地閱讀。直播的結果反應不錯，當時還會整理一些導讀影片，讓讀者更好搜尋。

一本好書，要真的能讓讀者吸收知識到腦裡；作者若是要獲得好的評價，就要讓讀者看得懂，再加上讀者看完之後覺得有幫助，或者是有提升感，書才能發揮既有的功效。

建議：

1. 學習是做中學，而不是光聽不練。
2. 理財幼幼班 2 的數據分析，可以一邊用手機聽我的直播，一邊用電腦跟著計算。
3. 收看我的直播，一邊讀一邊算，成長的速度將會非常快。
4. 先看自己有興趣的章節。
5. 艱澀的書籍可以透過導讀書來協助閱讀。

註1 丹．艾瑞利問道：我們是否主宰自己的決定？https://goo.gl/w6fs9n。

分享的進化

◎從單純的轉貼開始◎

分享，應該是我最常提倡的觀念。

每個人都希望在一個團體中成為意見中心，這是人性，但方法可能並不對，誤以為只要每天散發訊息，就可以受到朋友的重點關注，其實很有可能適得其反。且讓我把在網路上，經常見到不易受歡迎的訊息出現的模式整理如下：

①每天在群組、臉書中說早安、午安，睡覺前說晚安，其他時間都不出現，說到大家都感到多餘。

②老是講今天吃了什麼、到哪邊旅遊、景點打卡、跑步距離多長，如果旅遊故事引人入勝，還能引發眾人點閱，但只怕每次貼的內容都差不多，久了也是會膩。

③轉貼新聞、成長的文章，往往每天很努力地分享十幾則貼文，可是最後這些貼文到底有多少人會看，恐怕極為有限，況且每人都有很多個群組，很容易看到重複出現的貼文。

大量散發訊息，還是很難受到關注，到底發生了什麼事情？我認為這與分享的內容有關，大多數人都停留在原始層次中，未能不斷地提升自我，久而久之，朋友認為不會從你身上獲得一些知識或升級，自然不會成為關注的焦點；好的貼文許多人會轉貼，每個人擁有多個群組，不同的群組會反覆看到一樣的貼文，讓人不堪其擾。

在此，提出分享資訊的六個層次：

①轉貼好的訊息：

可能是一篇優質的文章、財經新聞，也可能是一個祝福的貼文、照片，有趣的內容也可以，或者是一首好聽歌，如果是大家關注的經典棒球賽、NBA 球賽，女性化妝、瘦身的訊息，都可以算是這一個層次。

②轉貼好的訊息，加上自己的簡短評論：

學習如何針對單一事件進行評論，可能只是新聞中的一小段話，提出自己的看法。譬如有某公司實施庫藏股，對於未來股價看法提出個人短評；政府實施前瞻計畫，提出對於國家財政影響的看法。

③針對單一事件進行完整分析：

對於某一件事情的來龍去脈進行分析，首先必須要找到問題，譬如我進行理財講座時，覺得應該是上了年紀的朋友才有理財的需求。但在長期詢問理財學員，甚至是上網進行簡單的統計，發現平均出生為 1979 年，是否有其人口結構上的因素呢？

戰後嬰兒潮的出生人口眾多，我國的戰後嬰兒潮分兩大塊，第一團塊是 1955 至 1965 年之間，平均出生人口高達 40 萬人；另一批出生人口平均高達 40 萬者，則是 1976 至 1982 年之間，可稱之為第二團塊；平均出生為 1979 年的學員，正位於出生人口最高峰的第二團塊。

一畢業之後，陸續碰到 1997 年亞洲金融風暴、2000 年網路泡沫、2003 年 SARS 等，等到買房的時候，又可能來到了房價高檔，買完了房子，口袋資金也差不多完蛋了，而上有高堂雙親待養育，下有子女嗷嗷待哺，標準的夾心世代。我時常針對人口結構提出自己的看法，並提出基礎數據及完整分析。

④針對重要意見或主流意見進行批判：

不管提出意見者是否為重量級人物，不管社會上主要看法是什麼，提出合乎自己邏輯的方法，指正別人錯誤的看法，不要害怕與重要人物或主流意見相反。譬如高雄市政府的財務狀況不佳，但市政府人員提出各種辯解，必須勇於指出對方的錯誤；如果論述有據，久而久之，不但會成為小群組中的意見領袖，更可以成為指出國家方向的趨勢家。

⑤找出盲點：

針對大家都看不到的盲點，學習以自己的專業角度出發，提出自己的看法。例如人口結構改變，社會住宅沒有興建的必要，老人住宅才是重點，政府沒有發現這個盲點，一般民眾也沒有發現，就必須提出自己的人口數據，分析目前政策的錯誤與風險。

⑥「框架外」見解與提出解決方案：

職棒在遭遇多次打假球事件之後，球團經營一直不好，該如何改善呢？如果我們是職棒的管理階層，面對此一問題正在召開會議討論，會議中大多是降低成本、異業結盟、增加廣告收入等，相同的建議只是在不同會議中提出，還是無法解決既有的問題。

最近看到一個建議蠻瞎的，有人向台日關係協會會長邱義仁提出，將我國職棒從四隊縮減成兩隊，然後加入日本職棒，可以讓日本球隊來台灣打球，對整體票房營收有很大的幫助，有了更高的票房收入，球員薪資藉此提升，打假球的事件自然減少。

此一見解的提出，又被封為「幹話王」，網路酸語頗多，還有人戲稱還不如加入美國職棒聯盟，等級更高。雖然我對此也頗不以為然，因為拱手將國球的球隊獻給日本，在民族情緒上也很難接受，況且跨境的成本誰來負擔，是否增加收入的同時，也增加了成本。

不過，這個意見的好處就是可以讓大家跳脫既有框架來思考，不會一直在既有框架中鬼打牆，有時候我們必須要更寬容地接納這些即使顯然不可行的見解，並不是這些見解很好，而是這些見解可以幫助我們跳脫出框架。

依據這六個層次，大家應該要逐步成長，往第六個層次前進，而不要一直停在第一個層次。或許會有朋友問：「我這樣子做可以獲取利益呢？」個人認為很多事情一開始不要講求利益，很多利益是許多能力的互相累積，當達到某一種能量的時候，就會形成一種難以抵擋的能量。

分享是一件很奇妙的事物，不保證可以獲得利潤，但卻一定會讓自己的思維產生結構性的變化；有了改變，如同轉動了鐵軌的轉轍器，人生的道路將前往不同的目標；就算最後的終點真的不能獲得什麼，學習當個生活的哲學家，也是不錯得。

◎知識升級的四個步驟◎

周遭很多朋友都在努力學習，只是成效都不是很顯著，一直停留在「學習高原期」，久久無法突破。除了不夠努力是常見的原因之一外，是否有一些學習的關鍵技巧是自己還沒有掌握的。

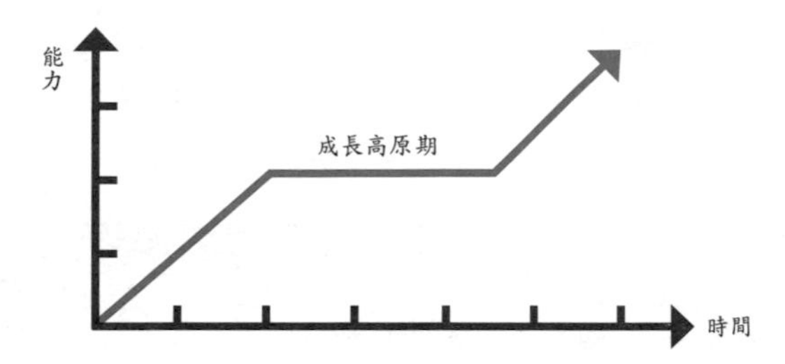

且讓我們先思考一下自己是不是曾經有這樣子的問題？

◎你是否知道學習新知才有機會翻轉人生，但卻不知道該學什麼？

◎你是否覺得唸了一堆書，還是覺得好像沒什麼成長；像是看了百本的投資理財書，卻依然參不透股市的奧妙，賺不了大錢？

◎你是否覺得別人可以講得頭頭是道，自己好像滿腹經綸，卻講不出一個屁？到底這些高手是怎麼做到的？

經過多年的學習整理，我整理出了知識升級的四個步驟，從找出學習的需求是什麼、尋覓機會實踐所學知識、不斷地分享學習與實踐的成果、將所得進行跨領域的整合，將可以協助讀者的知識有效地度過高原期，讓能力再次向上攀升……

一、學習

真的需求，還是打出來的需求？

人的學習過程很漫長，從國小、國中、高中，通常還會有大學與研究所，出了社會也有可能參加各種進修課程、專業證照課程，但是由於時間過於漫長，加上我國習慣使用權威式的教育，學到的知識只要能應付考試，就算是學成下山。

這種填鴨式的教育，除了分數反饋，讓自己還勉強願意學習外，就是靠壓迫式的學習法。還記得當年國中打最兇的老師，是一位年輕且認真負責的英文老師，未滿 95 分，少一分打一下，這種「斯巴達式」的教育體制，確實打下了一點英文的基礎，但如果離開學校，少了老師的逼迫與驅策，則根本沒有唸書的動機。

記得國中畢業後唸五專，五專考不好也不會打，加上沒有升大學的急迫性，雖然專一還有延續一些國中的學習慣性，書本還三不五十地拿出來翻，但專二、專三可以說是每下愈況，一到晚上就是騎著摩托車四處趴趴走，完全忘了學習這件事情。

學習，必須受到需求的誘發，分數只是指標。

當你有車禍糾紛的時候，就想要學習車禍相關法律知識。曾經有一位學生下課詢問車禍的法律問題，因為一一回覆學生的問題很累，所以表示下一堂課將會一併說明；上了課，這位學生從最後一排的冷漠旁觀席，改坐到前面第二排的熱門搖滾區，其他沒有需求的學生還是冷冷滑手機。其他像是當你生病的時候，想要瞭解健康的醫療資訊；當你沒錢的時候，想要學習投資理財的知識。

需求，啟動你學習的動機。

●一位沒有來上課的學生

有一次在臉書上寫了一段文字，抱怨一下學生上課滑手機，自己雖然使用洪荒之力，抖了 N 個包袱，但學生還是沉迷於手機的資訊無法自拔，有點心灰意冷。有學生傳了一段訊息給我……

老師，我以前唸萬能時，你教資訊法律，我因爲工作忙所以一堂課都沒上，你一樣願意讓我高分過關，只因爲要幫我有機會拿到第一名。現在我出社會，知道讀書的可貴，也一直遺憾當時未能堂堂出席你的課。幸好現在可以透過直播聽您教導，還可以買你的書自習，眞的幫助很大。您要加油別難過，懂你的用心的人會自發跟隨你；不懂的人，即使他們自己選擇浪費時間也與你無關的。除了我，我相信還有很多一直強大支持著你的人一直都在，也願意一直支持下去。所以，請你，千萬不要，千萬不要喪失信心喔。夜深了，晚安。

在臉書上分享這段訊息後，獲得了很多的鼓勵，但也有前輩提醒沒有上課給高分是否合適。針對這點的提醒，也讓我回憶起當初的狀況，再寫了一篇文章補充說明……

我是一位人稱「三不」的老師，不考試、不點名、不交報告（但會點同學發言，以互動方式決定成績）。一聽到「三不」，來上課的人就少很多，基本出席是 30%～50% 之間，依據天氣進行出席人數高低調整，還有期中期末考的日子到了，來的同學人數也會變高。甚至有人會在期末考的前一週跑來問我：老師，你期末考要考什麼？

反過來思考，這也是不錯的過濾機制，想來聽課的就來聽，但現實狀況則是……來的人也不是想聽。那來幹什麼？可能是怕被點到名吧！被老師點名，是求學過程中內心最深層的恐懼。

爲什麼不點名？吸引學生來修課嗎？

也不是。

學生不來上課頂多就開不成而已，對我這種「具本職」的老師是沒影響的；只是我覺得考試沒啥意義，即便是交報告，同學交上來的報告內容，也是那種想甩在地上，但還是得撿起來勉強給個 70 分的結果；點名，除了互動功能之外，藉此逼迫學生來上課也沒意義，法律是需求性的課程，學習是自己的事情。

進修部的同學差不多 70% 以上白天有在工作，一班約 40 人，現在同學都很年輕，大多數是白天當打工仔。自己以前也是白天工作、晚上唸書，深知白天累得要死，晚上還要拼到很晚；對於面前的學生，覺得晚上還願意來上課，就小感動了。

實際上聽課有多少人呢？

我自認爲是一位很會講課的人，如果沒有特別要求學生要專心，大概不會超過 5 位，5 位中眞正有學的可能就 2 位，其他 3 位是偶爾來專心聽，剩下的同學在幹什麼？大概就是扮演【屍速列車】的演員，只看到手機，根本就沒有看到辛苦教學的老師。

或許各位會問：那就叫同學發言啊！

是的，這是我主要的評分方法，只是很多同學根本不知道我在問什麼……

聽不懂嗎？

也不是，因爲根本沒聽，突然被我叫到，很尷尬。好像是「理財幼幼班：慢賺的修練」有提到丟海星的故事能救一個算一個。教書也是一樣，能讓多一位學生學到學習的知識與方法，那就多一位吧！只是……久了，眞的會疲乏。

最後，有一個很神奇的事情，願意學的同學，就是能感受到對方的「正面性」，可以說是教書十幾年的「第六感」。而且還發現一件很有趣的事情，這些具有正面性的學生，只要網路上能一直維持聯繫，到現在都會跟著我學習迄今，尤其是科技大學的學生。

對於沒有來上課卻給分的問題，這確實是當老師的一大困擾，對於進修部這種混雜各種因子的學習圈圈，該如何給分已經是個藝術，沒什麼對錯的問題，有一次隔壁班老師問我不考試、不交報告，該怎麼評分呢？

我回說：問同學問題，看學生回應的內容來評分。

問：一堂課可以問完全部的同學嗎？

答：一開始不行，後來就逐漸可以。

問：這麼厲害！

答：因爲來上課的學生愈來愈少，一下子就問完了。

聽起來是一段笑話，但也有些許的無奈。

作為鼓勵手段的獎學金，如果變成了目的？

再來說說獎學金這件事情，我不太喜歡大多數拿獎學金的學生，不是說這些學生不好，而是我覺得太重視分數不是一件好事情。獎學金主要是依賴分數，加上名額有限，分數高者得到，所以有些同學上課就一臉只想要拿獎學金的樣子。這種學習不是頂好，學習是靠熱情，分數只是附帶的，而獎學金只是鼓勵機制。

當鼓勵機制變成了目標，也就偏離學習的道路。

不過，獎學金還有一個嚴肅的議題，就是有些人生活過得較辛苦，獎學金可以緩解一下繳學費的壓力，只是身為兼任老師的我，通常也搞不清楚學生到底窮不窮，只能憑直覺給分。

因此，我的給分標準主要是靠有無「正面性」來評斷。有，就會給予高分，每年我給 90 或 95 分以上的大概只有 10%，偶爾會有 100 分，通常都跟「正面性」有關。這一篇貼文鼓勵我的學生，時隔已久，真的不記得這位同學過去是否一堂課都沒上，但記得當時跟她很熟，算是很早年我在萬能大學的學生，當年進修部的學生年紀都很大，只記得常常跟一堆同學打麻將，她們都沒有故意輸給我。除了老是帶壞老師的壞習性外，這位同學的工作都是很努力的。

一堂課都沒上這種事情，在進修部很常見，舉凡軍人、警察、長期加班、派駐大陸、補習班準備考試、受傷……等種種因素，只要事先溝通，其實都還好，沒溝通就一定當。目前大約都當 10%，我以前研究所也幹過這種事情，一堂課也沒去，但到現在跟老師還是很熟悉。

博士班學習的時候，有些老師會帶著我們在中正大學湖畔咖啡廳聊天，聊著法律的一些問題，這種學習方法反而讓人受益匪淺。當老師這件事情，上課真的不是很重要，重要的是學期結束後的「保固」工作，如果我的學生也隨時可以透過臉書持續學習下去，像是看到這篇文章，就當作是之前修課的「售後服務」吧！

學習，是終身的事業，不需要獎學金也能持續學習下去。

二、實踐

知識是要用的，例如學習了行銷的技巧，如果沒有合適的管道可以運用，可以先從自己本身做起，也符合自己就是一間企業的概念。例如學習了資產負債表，就可以參考企業資產負債表的格式，製作出自己的資產負債表。

首先，要先知道資產負債表的公式：

企業→資產　＝　負債　＋　股東權益
個人→資產　＝　負債　＋　淨 資 產

由以上的公式，可以瞭解自己的資產、負債的狀況。

接著可以參考「財務分析」的技巧，嘗試製作自己的資產負債表（如右頁）表，譬如說分析「負債比」、ROE、ROA 等內容，經過一段時間之後，就能夠深入體會這些數字的意含，而不會因為欠缺實際運用，而使學來的財務分析知識一知半解。

資產	現金 200 萬	負債	短期借款 200 萬
	股票 300 萬		長期借款 350 萬
	應收帳款 100 萬		應付帳款 50 萬
	固定資產 600 萬		合計 600 萬
	其他 300 萬	淨資產	資產－負債 1,500 － 600 萬
	合計 1,500 萬		總計 900 萬

●資產：

共有現金、股票，有人欠錢（應收帳款），還有一間房子（固定資產），以及其他資產，總計 1,500 萬元。

●負債：

有短期借款，可能是畢業後的學生貸款，還有長期貸款，可能是房屋貸款，還有信用卡刷卡金額（應付帳款），總計 600 萬元。

●淨資產：

1,500 － 600 ＝ 900（萬元）

有一件事情很重要，在實踐之前，要先確認自己學習到的是完整的知識；如果不是完整的知識，也要知道現在所學知識的有限性。這樣講似乎有點抽象，來舉一個例子……

譬如說有一套軟體強調觀察及使用「布林通道」的投資方法，讓我們先來看一下「布林通道」。此一通道總共有三條線，一個是中間的軌道線，即一定時間內的移動平均線；另外上下兩條軌道線，則是兩個標準差的概念。

如次頁圖，兩個標準差，出現的機率即占 95.4%，超過這個線的出線機率則低於 5%，因此就有投資者採取在上下軌道線之區間操作的方式。讓我們以友達(2409)的週線為例，紅色圈圈方面，有三個點是高點，一個點是低點，剛好都發生反轉的現象；但也有一個藍色的點，雖然跌破下軌道線，但並沒有因此反彈反而繼續下跌。

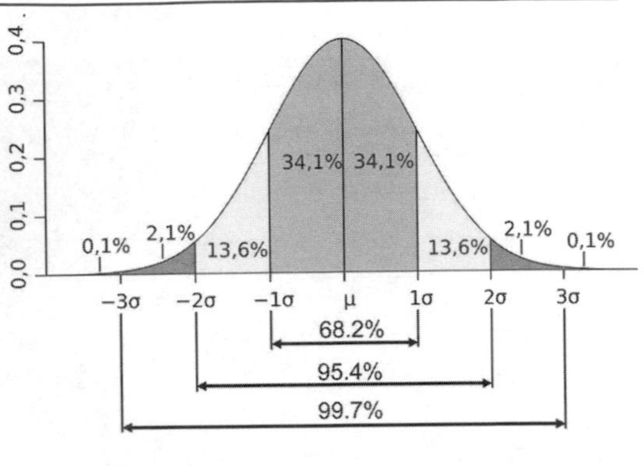

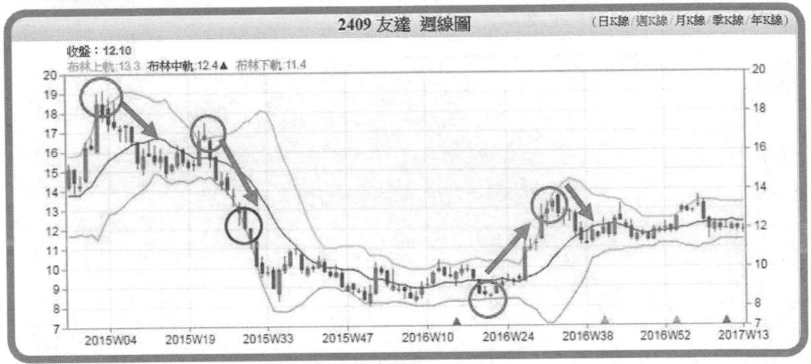

這一種觀察法，有點像是感冒通常嚴重到一定的程度之後，就會開始轉好復原，要開始反轉向下；反之，如果很久沒生病了，可能又到了生病的時候，要開始反轉向下。

可是，有時候可能發生嚴重的疾病，從過去統計的數據來看應該反轉，但是又繼續嚴重下跌；因此，布林通道在大多數時候都可以很準，但股票並不是必然會因為「機率低」而發生反轉。

參考右圖凱衛 (5201) 的週線圖，炒作飆股的價位通常都是異常又異常，若是在上軌道線放空，會很慘：

此種指標可以設定為「冷熱程度」的參考，如果要更精準地操作，還是要參考價值面、籌碼面，或總體經濟等面向，多因素加以考量，穿越下軌線，只能當作買進訊號的一項參考指標，不能就此直接將穿越下

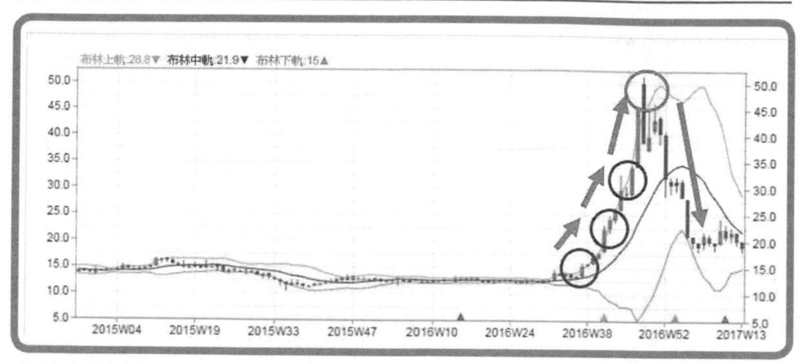

軌線與買進行為建立絕對因素；反之，亦然，如此一來才能做出比較正確與安全的投資決策。

很不幸地，大多數人只學到皮毛，財務分析的公式也是拼命背誦，不求深入理解，看書喜歡看「速成」、「簡單」的教材，殊不知簡單到最後只剩下皮毛，以為就此懂得賺錢的技巧，像是會開遊樂場碰碰車，就自以為能到賽車場競技，根本是自願讓競爭者羞辱的命運啊！

三、分享

分享自己所學的知識、運用實際案例的實踐成果，是我最常分享的議題，透過分享的過程，讓自己的大腦重新「結構化」，讓我以炒菜來比擬學習、實踐、分享：

「學習」，如同到菜市場買素材一樣。

「實踐」，像是經過不斷練習炒菜的細部技巧，什麼溫度菜才會熟，加多少鹽巴才會味道剛好。

「分享」，好比是正式上場當大廚，整合許多細部的炒菜技巧，才能炒出一道色香味俱全的佳餚。

分享不僅僅是講授自己買了什麼菜，從食譜中怎麼做菜，還有一點很重要，要勇於說出自己對於整個過程的想法，有沒有發現哪些地方卡卡的，有沒有改進的空間，有沒有比較有效率的方法。

大前研一在其著作《大前研一「新 · 商業模式的思考」》中，認為老師不應該僅擔任討論會場中的「司儀」，只讓課堂討論流程順暢，自己不發表意見，只叫學生講出自己的看法，而應該明確地公開自己的見解，這也是企業家的基礎，先有明確的決斷，然後才能有效執行[1]。

本書希望讀者就是企業，成為自己企業的領導者。既然是領導者，必須很明確地告訴跟隨者前進的方向，如果決策模稜兩可，眾人將不知如何是好。因此進行分享的練習時，要把自己想成果斷的企業家，不但要說出自己的論點，還要聆聽學生的看法，並帶領學生進行討論。

四、整合

最後則是跨領域的整合，當多重知識有效整合之後，才有機會發揮加乘的力量，突破高原期，提升整體能力。

以經濟學為例，傳統經濟學著重在自利、理性的基礎上，但因為人的大腦往往不理性，所以假設錯誤的結果，使得經濟學家難以預測實際的金融環境，研究經濟模型的經濟學家，反而成為經濟危機的根源[2]。因此，行為經濟學派加入了「人性」的因素，將野獸本性的思維成為考量的因素，以解決傳統經濟學理論的缺點。

畫一個正方形，並分成四格，以自利、非自利動機，與理性、非理性反應，傳統經濟學只填補了左上角的那一塊。換言之，傳統經濟學家只針對自利動機、理性反應的前提下，整個經濟體系會如何運轉？對於「非自利＋理性」、「自利＋非理性」、「非自利＋非理性」則並沒有論述。

	自利動機	非自利動機
理性反應	傳統經濟學	×
非理性反應	×	×

現在的行為經濟學家還會與大腦神經學相整合，也常常看到行為經濟學的書提到演化學的概念。

例如索耐特（Didier Sornette）曾經提出龍王理論，很適合探究投資市場泡沫的發生；但龍王理論並不是源自於經濟學、統計學，而是從地震學的角度出發，小規模的地震會引發較大規模的地震，當大規模的地震引發毀天滅地的龍王級地震，一種臨界點的出現；如何發現類似於龍王級地震的金融泡沫崩盤，正是此一理論的專長[3]。

此外，很多學者都運用了地震理論，聖塔克拉拉大學的助理教授穆勒 (George Mohler) 就利用地震後餘震的數學模型，套用到犯罪數據上；在地震發生後，發生餘震的機率，與犯罪數據有類似的模型，據此可以推估未來可能發生犯罪的熱點[4]。

總而言之，當深入學習單一領域之後，可以將不同知識領域互相套用。正所謂「萬變不離其宗」，不管知識領域細分成多少學門，很多基本道理是相通的，只要學得扎實，就能達到「吾道一以貫之」的境界。

建議：

1. 分享的內容應該要逐步提升，發表別人看不到的盲點，才可以有助於整體社會的發展。
2. 學習，必須受到需求的誘發；需求，啓動學習的動機。
3. 不管知識領域細分成多少學門，很多基本道理是相通的，學會了基本道理，就可以跨領域把不同學門的知識相結合。

註 1 大前研一，《大前研一「新 · 商業模式的思考」》，第 19-20 頁。
註 2 喬治 · 阿克洛夫、羅伯特 · 席勒，《動物精神》，第 252 頁。
註 3 How we can predict the next financial crisis，https://www.ted.com/talks/didier_sornette_how_we_can_predict_the_next_financial_crisis。
註 4 Predictive Policing: George Mohler Interview，https://www.datascienceweekly.org/data-scientist-interviews/predictive-policing-george-mohler-interview。

人是圖像的動物

◎演化下最自然的學習方法◎

人類，近千年來才逐漸透過文字來傳承知識，一開始主要還是口耳相傳為主，一直到有了印刷術，才讓知識能夠透過紙張快速且大量地傳遞；時至今日，每年大約 4 萬本新書在我國出版市場上流通，如果將最近 5,000 年的歷史，以橫軸來顯示「時間」，縱軸則是「出版量」，則幾乎是到了橫軸最右邊，才讓平淡有如心律停止的一條線，猛然如同雲霄飛車一樣急竄天空。

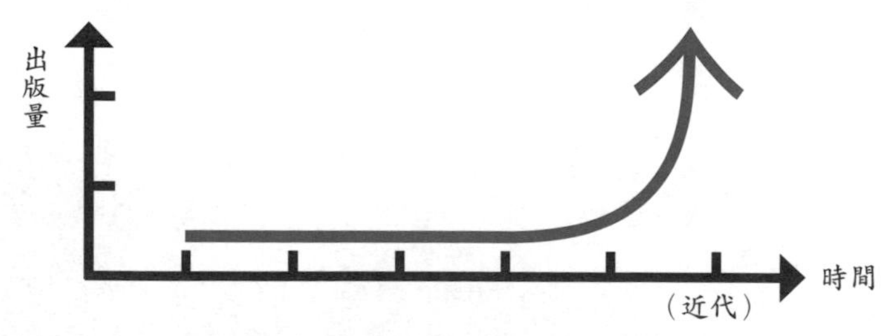

回到文字之前，不知道幾萬年前的遠古世代父母教導下一代避開兇猛的獅子，一開始拿著樹枝在草地上畫出獅子的輪廓，然後指著地上的獅子，張牙舞爪地模仿，讓孩子嚇到發抖，然後雙手以跑步的姿勢，教導下一代看到獅子要快跑，才得以保命。歷史慢慢地發展下去，村子裡總是會發生特別重大的事蹟，像是老王帶領衆年輕人戰勝隔壁村落的英勇事蹟，就必須刻在石頭上永傳後世。

因此，在有人類出現的歷史上，大部分是手勢、簡單語言、圖畫作為主要的溝通工具，長期演化的結果，人類的大腦對於圖像辨識速度會比文字還要快；近幾年來，圖解書當道，一堆文字配上一張圖，甚至把所有文字轉換成一張圖，要讓觀看者「秒懂」，可以讓學習速度更快，畢竟這是大腦最熟悉的學習方式，不過這需要一些設計上的功力了。

◎簡單文字或圖片的簡報◎

簡報，顧名思義，就是要移除不必要的雜訊，才能符合「簡」這個字；PowerPoint 這套知名的簡報軟體，翻譯成中文是「有力的點」，顧名思義就是「重點」；簡報，就是講重點。

常看到很多人急忙著把所有知識塞在同一頁簡報檔中，字小到連坐在第一排都看不見；如果是下午時間，聽衆若是無法讓大腦快速理解講者所要表達的重點，則會導致反覆執行一定的資訊，一段時間後就會疲乏，進入到打瞌睡的狀況。即使不是密密麻麻的文字，而是進化成一堆條列式的重點，也好不到哪裡去。

以前要省錢有一種講法，能騎腳踏車到的地方，就不要開車；能走路到的地方，就不要騎腳踏車。同樣地，簡報檔也是能簡化就簡化，能用一行字，就不要用一段文字；能用圖片表示，就不要用文字。

透過簡單化的敘述，也可以讓讀者快速掌握重點，自己主講的內容也不會飄來飄去地讓人捉摸不定。對於聽衆而言，幾個字或一張圖就能夠清楚抓到重點，可以全心聆聽主講者的說明，而不會又要看文字的內容，又要聽主講者在說什麼，增加心智上的疲倦，就容易開始打瞌睡。

某一次參加「企業併購法律與政策」研討會，評論一篇文章「企業併購中內線交易與操股價法律規範檢討」，文中有提到一個經典的案例：創投教父柯文昌內線交易案。柯文昌於美商捷普與綠點公司洽談併購之際，知悉該併購重大消息後，大量買進綠點公司的股票，然後在公開收購期間把股票賣出獲利，涉及內線交易；2015 年 12 月，經最高法院判刑 9 年，併科罰金 1 億元定讞後，柯已於 2016 年 1 月 12 日入監服刑。

2016 年初，我在台中一場鑑識會計的研討會中，聽到主講人談及該案，當時引用最高法院檢察署新聞稿中的一張圖：

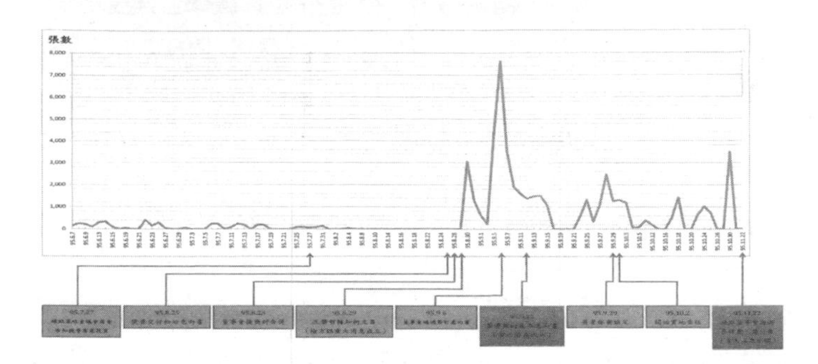

由於熟悉數據應用與證券交易，我大致上能瞭解這張圖的意思，簡單來說，就是柯文昌在該期間內買賣綠點公司股票的數量，只是這張圖中的字太小，當時在觀眾席中的我看不太清楚。

後來在「企業併購法律與政策」研討會中，有機會評論一下「企業併購中內線交易與操股價法律規範檢討」這一篇文章，由於相關學說很多，到底應該採取得悉將併購的時間點，還是簽訂無拘束力意向書的時間點，抑或是實地查核受併購公司的時間點，學者眾說紛紜，講了一堆抽象的法律論述，大家頭暈腦脹之餘，好像懂了又好像沒懂。

在那一次擔任與談人的過程中，在自己製作的簡報檔中，也引用了最高法院檢察署新聞稿中的一張圖，但修改如下：

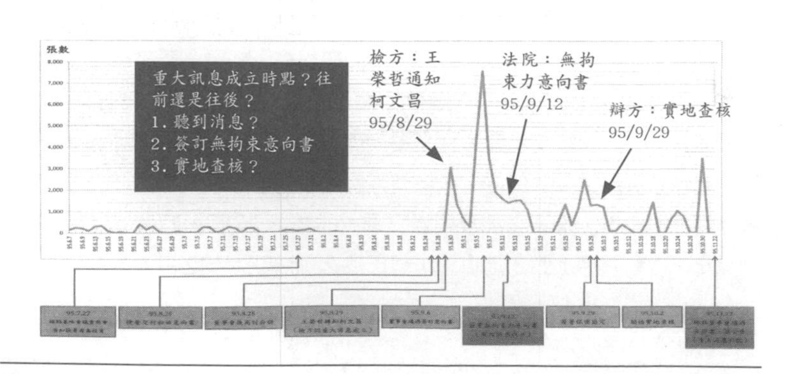

首先把底下一堆箭頭、文字框都刪除，只留下時間軸，然後把原本的三個爭議時間點，分別放大文字，並用不同顏色的箭頭精準指出時間點，再用框框標示出誇張的交易量，比起詰屈聱牙的法律學說論述，一張圖就說明了一切。

不過這張圖還可以修正設計一下，左上方的文字可以全部刪除，否則可能會吸引聽衆的目光，而搞亂重點在右邊的三個時間點。

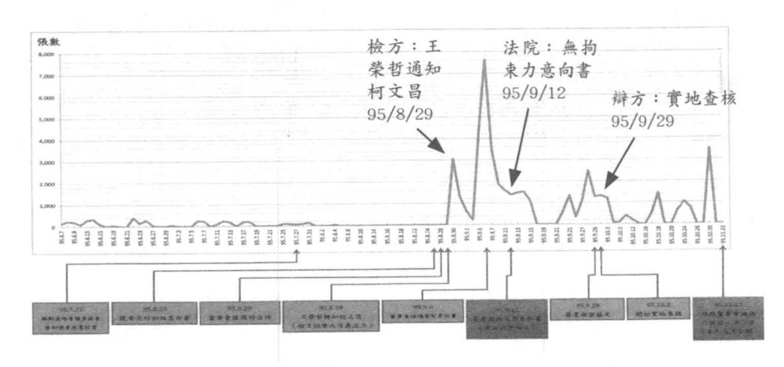

左上方的文字，可以單獨做成一頁「問題思考頁」……

重大訊息成立時點？往前還是往後？
1. 聽到消息？
2. 簽訂無拘束意向書
3. 實地查核？

最後，再將因為我個人主張檢方的時間點，因為當王榮哲轉知柯文昌之後，就開始有大量交易，反而是當簽訂無拘束意向書的時候，已經差不多買完了，所以交易量下跌。

所以，只要留下自己支持的時間點——檢方主張的時間點。

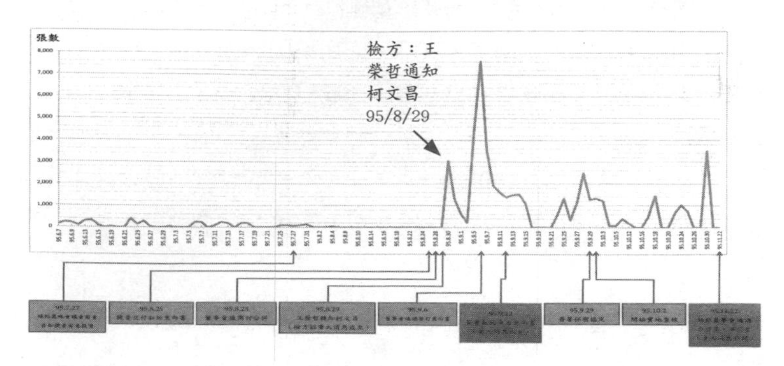

透過簡化的簡報檔內容，並以指標提示重點，將一張簡報檔拆成三張等方式，可以很輕鬆地導引觀衆進入你所想要介紹的情境，也更容易被你所說服，尤其是不擅長使用圖表的法律人，如果圖表能有效呈現重點，相對於習慣於數據呈現的資訊人士或財經人士，圖解對於法律人而言，成效將有加倍的效果。

建議：

1. 圖像是最符合大腦運作的理解方式。
2. 能用一行字表示，就不要用一段文字；能用圖片表示，就不要使用文字。

學校的功能正在轉變

◎不再只是傳遞知識的教師◎

一進入教室，打開教室中的電腦，等著投影機暖機之後，將電腦畫面傳遞到黑板上；接著必須從 Dropbox 下載上課用的簡報檔，然後點開找出上一堂課教到的地方，繼續地教下去。

在等待教材呈現的 2、3 分鐘，會走到台下與學生進行對談，看看學生晚餐吃什麼？家住哪裡？手機在滑什麼？有時候聊啊聊的，可能會花 10 分鐘與早早來教室的學生建立橋梁，如此一來，等下上課會比較專心一點點。

透過網路可以與世界連結，每天吸收各種新知，看看別人轉貼的熱門新聞，甚至可以到世界各大學的開放性課程，學習到頂尖的知識。但即使許多頂尖教材是免費，學生時代願意學習的同學還是算少數，大部分還是以接受「雜訊」為主。

一堂課的時間，學生自己就可以學到世界各地取之不竭的教材與知識，相較於來到教室，老師一堂課大概只上二十餘頁的簡報檔，未必能讓學生甘心服氣地坐在位子上專心聽講。這麼容易取得各種學習資訊，老師是否就沒有存在的價值了？

過去，老師大多是準備一套教材，或者是找到一本書，然後將教材或書中的知識傳授給學生；現在的老師必須要轉型，以我的法律課程來說，上課主要是講解基礎的知識架構，然後就是舉各種實務上的例子，並且教導找資料的方法。

對我而言，「上網」很重要，可以連上許多影音教材，譬如太陽花一審判決無罪，就必須要先帶著學生找到判決，接著閱讀新聞、判決，如果有影音的新聞報導更好，可以讓學生比較快進入狀況，然後帶領學生進行思考、批判，抓出正反面的見解，可以詢問學生們對於正反面見解的看法。

最重要的一點，是要帶著學生評估各種主張的論點，找出相關數據進行佐證與檢驗，辨別其中的真假，批判極度偏見或似是而非的論述，進一步培養學生獨立思考的能力。簡單來說，身為一位資訊爆炸時代的老師，不再只是傳道、授業，而是必須扮演好可以帶領學生找到資料，並且利用特定領域的知識進行批判、分析資訊的「解惑」角色。

◎小心被套上框架◎

有一次受邀到建國中學的法律社團演講，到底是該講解基礎的法律知識，還是該講一些有關大腦運作的神奇之處，以啟發剛踏入法律領域的優秀人才。當時，決定花一些時間討論「框架效應」。

「框架效應」(Framing Effect)，由 2002 年諾貝爾經濟學獎得主康納曼 (Daniel Kahneman) 所提出，屬於展望理論的一部分。簡單來說，是指一樣的內容，如果透過不同的背景展現，就會呈現出不同的結果，也很像是「月暈效應」(Halo Effect)。

或許大家還不太能理解上述解釋的意含，請大家看一下下方這兩張圖片中間矩形的顏色是否相同？

每次在課堂上問這兩張圖片，有些聰明的學生會馬上回答，兩圖中間矩形的顏色一樣。沒錯，當然是一樣的，如果是不一樣的，老師也不會這樣子問。接著，會追問一個問題：「雖然顏色一樣，但是左右兩邊中間的矩形，哪一個看起來顏色比較深？」

「右邊。」

為什麼會造成這樣的現象？

當然是外框所造成的結果，因為右邊外框的顏色較淡，大腦看到的內矩形顏色，相對而言就會比左邊的還要深，這就是框架效應。只是人們常常忽略這個大腦的缺憾，大腦選擇用「比較」的方式來分析事物，對小小的大腦來說是最不耗能的運作方式，但也最容易發生錯誤。我國社會有很嚴重的現象，同樣的事情只看立場不看是非，許多政治味的事件就會掛上政黨顏色的框架，使得內框的事實即使一樣，但看起來的顏色卻會產生落差。

那一天在建國中學法律社團的演講，主要就是透過框架理論，與未來法律界的新血溝通人類大腦的弊病；眼前的學生未來可能是法庭中決定正義是否彰顯的法官，也可能是為當事人喉舌的律師。法庭上，律師的工作就是幫當事人犯罪事實披上美麗的框架，淡化犯罪色彩可能造成的嚴重後果；法官的工作則是移除美麗的框架後，再以不受框架影響的角度來判斷事實之真偽。

與框架效應有關的實驗相當多。學者李 ‧ 羅斯（Lee Ross）做了一個有趣的實驗，他找來一批史丹福大學的學生，首先詢問這些學生是支持以色列或是巴勒斯坦，實驗過程中，對學生展示一系列 1982 年貝魯特大屠殺事件的新聞報導，然後詢問他們這些新聞是否存在著偏見[1]。

同樣的新聞，支持以色列的學生抱怨報導對以色列不利；反之，支持巴勒斯坦的學生則認為新聞報導根本是偏向以色列，記者對巴勒斯坦有偏見；當然本實驗還有一組持中立態度的學生，看完相同影片後，立場則介於前面兩組學生之間。

在學習獨立思考的過程中，我們很難找到中立的資訊，譬如三立新聞與中天新聞可能立場天差地遠；同樣地，自己根深蒂固的背景，也可能植入許多自己所不知道的框架，例如綠色政治背景的會比較支持前瞻計畫，反之藍色政治背景者則會極力反對。

在無法找到中立的資訊，則必須知道吸收到的資訊具備何種框架，而在解讀之際，也要承認自己深藏大腦的框架，才能避免被資訊框架惡棍所控制與運用，甚至於導致社會對立的不利結果。

◎察覺自己的偏見◎

●年輕人為何不努力？為何愛花錢？

全聯總裁徐重仁先生於 2017 年 4 月 11 日的新書簽名會上，被記者問到年輕人「低薪」的現象，他提到自己 1977 年在日本工作時，月薪約新台幣 9,000 元，什麼工作都得做，還要負擔生活費、房貸等支出，但只要努力工作，是會被老闆看到，希望年輕人要耐得住[2]。

除了低薪，徐總又提到了「花錢」，認為年輕人熱愛出國旅遊，老一輩的人反而很少[3]。年輕人應該要做自己能力範圍的事情，現在誘惑很多，每個人都想擁有最新的手機，都想花更多錢，但在沒有這麼多錢的情況下，應該要少花一點。

徐重仁的發言引起網友們的反彈，紛紛到全聯粉絲專頁留言抗議，也起底全聯的薪資並不高；面對雪花般的抗議，全聯也做出了正式回應：「總裁的意思是，希望鼓勵年輕人不要只看短期，只要努力就會有相對應的報酬。」

●一樣是爬山，只是山不一樣高

看到年輕人說低薪，很多年老的朋友非常看不過去，嘴裡不自覺地會說出：「想當年……」、「當年過的日子多苦啊！現在的年輕人怎麼會這樣……」，倚老賣老的言論令年輕人非常反感。

也不能說年長者的說法不對，但年輕人的環境已經大大不同，要把過去的框架套在別人身上，也著實不倫不類；從自己的框架看出去，跟年輕人的框架看出去的世界，兩者當然有所差異。

徐重仁先生這次會引起重大的風波，主要是因為「世代落差」所產生的差異，某一個世代可以輕鬆達成，但是換成另外一個世代，卻遠遠難以完成。這起事件中，在不同世代都會有相同的目標，先整理如下：

①任何世代，一開始工作都會薪資低廉的情況。
②努力工作之後，理論上薪資都會調升。
③都要負擔生活費用、房貸支出。

二次大戰之後，隨著戰後嬰兒潮的興起，全世界經濟快速發展，努力工作之後，薪資都能有滿意的回報；隨著少子化現象席捲發展成熟的國家，經濟發展逐漸遇到了瓶頸，努力工作未必都能有滿意的數字。如同早年在竹科工作幾年，辛勤工作後領了高額股票紅利，拍拍屁股就可以享受人生；現在竹科的工程師，賣肝到肝都乾了，卻只能看到愈來愈低薪的前景，很難再享受上一代只要努力就有機會早早退休的人生。

其次，薪資不漲，但通膨依舊，以前一碗陽春麵 10 元，現在要 30 元，過去新北市房子一坪不到 10 萬，現在一坪也要 30 萬。這並不是我國獨有的問題，世界各國都一樣。主要國家為了刺激經濟發展，紛紛採取激進的印鈔政策，雖然緩解了通縮的問題，卻也惡化了貧富不均的困境，有錢人享受資產膨脹的快樂；沒錢的人不但沒有資產，還只能苦嘗低薪的後果。

換言之，過去是薪資成長的速度超越物價通膨的時代，要賺錢、領高薪、存飽退休金，比起現在可是輕鬆許多；我常舉一個例子，上一個世代的人生奮鬥如同爬玉山，努力爬，雖然辛苦，很容易就能爬到高峰；這一個世代要達到一定的財富成果，則必須要有爬聖母峰的精神，才能夠爬到山頂。因此，徐重仁先生的話，如同一位爬上玉山山頂的老者，質疑這些年輕人為什麼爬不上山，殊不知兩者爬的山不一樣，一個是玉山，一個卻是聖母峰。

●世代差異的不同思維

無論是玉山或聖母峰，都要努力才能爬上山。

不同世代的人應該體諒不同世代的處境，以同理心的角度發言，否則身為全聯總裁的徐重仁先生，因為欠缺「世代結構」的認知，少了一點同理心的發言，就容易造成企業公關上的重大危機，企業內部應該尋覓數據專家開設「世代結構」的課程，才能避免類似危機的發生。

至於會不會花錢這件事情，可以討論的角度很多。上一代多從困苦的環境中成長，甚至穿過美軍麵粉袋的大內褲，自然在花費上比較謹慎；這一個世代生活於經濟成長的環境，受到各種過度行銷廣告影響，不斷刺激大腦進行消費，難免會有過度消費的現象。

再加上 50 年代平均 5.585 的總生育率，現在已經降到接近 1.18 的水準，許多寵小孩的行為在所難免；而且年輕的世代雖然現在買不起房子，但眼見未來「繼承集中化」的趨勢，以後繼承上一代的房子就好，為何還要背負高不可攀的房貸呢？為什麼不能將所賺來的錢提高生活品質呢？

世代不同，會有不同的思維模式，但從數據分析來看，有一定的脈絡可循。身為國內重要企業的領導人，應該看清此一世代差異，用同理心來引導新世代努力登上聖母峰，切莫以玉山的標準來苛責或質疑面臨聖母峰任務的新世代年輕人。

建議：

1. 學校功能正在轉變，身為一位資訊爆炸時代的老師，不再只是傳道、授業，而是必須扮演好可以帶領學生找到資料，並且利用特定領域的知識進行批判、分析資訊的「解惑」角色。
2. 承認自己對特定事物帶有偏見的框架，在判斷事情時，應該要將框架因素列為考量，以避免作出錯誤的決定。
3. 利用數據檢視自己的決定是否有偏見。

註 1 丹尼爾 · 列維廷，《大腦超載時代的思考學》，第 346-347 頁。
註 2 徐重仁要年輕人忍耐低薪？全聯正式回應……https://udn.com/news/story/7238/2399423。
註 3 參考本書「思考力與觀察力」之「小心錯覺變直覺」之章節。

最全方位實用書籍

《圖解魅力學 人際吸引法則》

好人緣不是天生，善用技巧，就能成為魅力高手！

從系統一（感性）與系統二（理性）觀點出發，瞭解大腦思考模式和行為心理學，不只可以運用在人際關係，市場行銷上更是隨處可見，運用這些行銷手法，就能建立自我品牌形象，成功推銷自己、打造好人緣！

《圖解小文具大科學 辦公室的高科技》

給追求知識與品味生活的文具迷，一本不可不知的文具科學圖解書。

文具產業可說是科學技術發展的博物館，集結了現代科學如數學、化學、光學等技術之精華，本書挑選常用的代表性文具，解析其發展歷程與科學秘密，透過本書上一堂令人驚嘆的文具科學課！

《圖解人體解密 預防醫學解剖書》

瞭解人體的奧妙，自己的身體自己保養。

醫學相關知識在一般人的印象中是難懂的，作者用淺顯易懂的例子搭配圖解，從功能性著手介紹人體組織架構，從最小的細胞到全身的器官、骨骼；從外在皮膚到內部器官運作，藉此掌握養生秘笈。

《圖解二十一世紀資本論 皮凱提觀點完全解說》

皮凱提經濟分析的濃縮精華書！

「二十一世紀資本論」究竟在談論什麼？為什麼能風靡全球？專為那些沒時間看或看不懂的讀者，統整 5 個章節、80 項主題，從讀者最常遇到的問題點切入，配合圖解、深入淺出地解說皮凱提的經濟觀點。

國家圖書館出版品預行編目(CIP)資料

圖解 理財幼幼班4
錢世傑 著；第一版.
台北市：十力文化，2017.10
頁數：240頁 開數：128*188mm
ISBN：978-986-93440-9-8（平裝）
1. 理財 2.投資
563 106017668

圖解 理財幼幼班4

精準思考 以企業為師的修練

作 者 錢世傑

責任編輯 吳玉雯
內文插圖 劉鑫鋒
封面設計 林子雁
美術編輯 劉詠軒

出 版 者 十力文化出版有限公司
發 行 人 劉叔宙
公司地址 116 台北市文山區萬隆街 45-2 號
通訊地址 11699 台北郵政 93-357 信箱
電 話 02-2935-2758
網 址 www.omnibooks.com.tw
電子郵件 omnibooks.co@gmail.com
統一編號 28164046
劃撥帳號 50073947

I S B N 978-986-93440-9-8
出版日期 2017 年 10 月
版 次 第一版第一刷
書 號 D708
定 價 320 元

地址：

姓名：

正　貼
郵　票

十力文化出版有限公司　企劃部收

地址：11699 台北郵政 93-357 號信箱

傳真：(02) 2935-2758

E-mail：omnibooks.co@gmail.com

讀者回函

無論你是誰，都感謝你購買本公司的書籍，如果你能再提供一點點資料和建議，我們不但可以做得更好，而且也不會忘記你的寶貴想法喲！

姓名／　　性別／□女□男　　生日／　　年　　月　　日

聯絡地址／　　連絡電話／

電子郵件／

職業／□學生　□教師　□內勤職員　□家庭主婦　□家庭主夫
□在家上班族　□企業主管　□負責人　□服務業　□製造業
□醫療護理　□軍警　□資訊業　□業務銷售　□以上皆是
□以上皆非　□請你猜猜看
□其他：

你為何知道這本書以及它是如何到你手上的？

請先填書名：

□逛書店看到　□廣播有介紹　□聽到別人說　□書店海報推薦
□出版社推銷　□網路書店有打折　□專程去買的　□朋友送的　□撿到的

你為什麼買這本書？

□超便宜　□贈品很不錯　□我是有為青年　□我熱愛知識　□內容好感人
□作者我認識　□我家就是圖書館　□以上皆是　□以上皆非

其他好理由：

哪類書籍你買的機率最高？

□哲學　□心理學　□語言學　□分類學　□行為學
□宗教　□法律　□人際關係　□自我成長　□靈修
□型態學　□大眾文學　□小眾文學　□財務管理　□求職
□計量分析　□資訊　□流行雜誌　□運動　□原住民
□散文　□政府公報　□名人傳記　□奇聞逸事　□把哥把妹
□醫療保健　□標本製作　□小動物飼養　□和賺錢有關　□和花錢有關
□自然生態　□地理天文　□有圖有文　□真人真事

請你自己寫：

根據個人資訊保護法，本公司不會外洩您的個人資料，你可以放心填寫。溝通，是為了讓互動更美好，在出版不景氣的時代，本公司相信唯有將書做得更好，並且真正對讀者有幫助，才是唯一的道路。好書、不僅能增加知識還必需能提高學習效率，讓想法與觀念深植人心。能有耐心看到這一行的您，恭喜，只要您填妥此表並傳真至02-29352758或郵寄至台北郵政93-357號信箱，您將會得到本公司的精美筆記本一冊，請注意！僅限傳真或紙本郵寄方屬有效（因本公司須保留正本資料）但請千萬注意，姓名、電話、地址務必正確，才不會發生郵寄上的問題。還有，郵寄範圍僅限台澎金馬區域，不寄到國外，除非自己付郵資。

順頌　健康美麗又平安

十力
文化

十力
文化